应用技能型院校“十四五”规划教材

根据全国会计专业技术初级资格考试大纲编写



# 经济法基础习题集

初级会计资格课证融通教研组 / 编

立信会计出版社
LIXIN ACCOUNTING PUBLISHING HOUSE

**图书在版编目(CIP)数据**

经济法基础习题集 / 初级会计资格课证融通教研组编. —上海：立信会计出版社，2021.3(2021.12 重印)

ISBN 978 - 7 - 5429 - 6747 - 3

Ⅰ.①经… Ⅱ.①初… Ⅲ.①经济法—中国—资格考试—习题集 Ⅳ.①D922.29-44

中国版本图书馆 CIP 数据核字(2021)第 027304 号

策划编辑　王斯龙
责任编辑　王斯龙
封面设计　南房间

**经济法基础习题集**
JINGJIFA JICHU XITIJI

| | | | |
|---|---|---|---|
| 出版发行 | 立信会计出版社 | | |
| 地　　址 | 上海市中山西路 2230 号 | 邮政编码 | 200235 |
| 电　　话 | (021)64411389 | 传　　真 | (021)64411325 |
| 网　　址 | www.lixinaph.com | 电子邮箱 | lixinaph2019@126.com |
| 网上书店 | http://lixin.jd.com | | http://lxkjcbs.tmall.com |
| 经　　销 | 各地新华书店 | | |

| | | | |
|---|---|---|---|
| 印　　刷 | 上海天地海设计印刷有限公司 | | |
| 开　　本 | 787 毫米×1092 毫米 | 1/16 | |
| 印　　张 | 9.75 | | |
| 字　　数 | 226 千字 | | |
| 版　　次 | 2021 年 3 月第 1 版 | | |
| 印　　次 | 2021 年 12 月第 2 次 | | |
| 印　　数 | 2 101—3 200 | | |
| 书　　号 | ISBN 978 - 7 - 5429 - 6747 - 3 / D | | |
| 定　　价 | 28.00 元 | | |

# preface 前言

为配合学生学习“经济法基础”这门课程，我们根据“经济法基础”课程的特点，编写了本书，可与《经济法基础》一书配套使用。本书具有以下特点。

**1. 紧贴政策，与时俱进**

本书严格按照最新施行的个人所得税法、最新税收政策编写，在以后重印时会随着会计税收政策的修订而及时修订，并在相关配套资源中予以体现。

**2. 精选习题，详尽解析**

本书体现应用技能型院校所要求的专业课程知识和能力要求，每章均有强化训练，在最后有3套模拟试卷，便于学生学习。

**3. 理实一体、知行合一**

为培养应用型人才，本书除了涉及基础理论知识部分，还配有大量例题和案例，有利于学生全面、系统地掌握所学知识，培养学生分析、解决问题的能力，真正做到知行合一考。

本书章节划分与《经济法基础》一书同步，题型包括单项选择题、多项选择题、判断题、不定项选择题。

由于编者水平有限，书中难免有不足之处，恳请读者继续提出宝贵意见，以便我们及时更正。

编　者

2021年2月

Contents 目录

# 第一章　总　论

## 本章知识框架

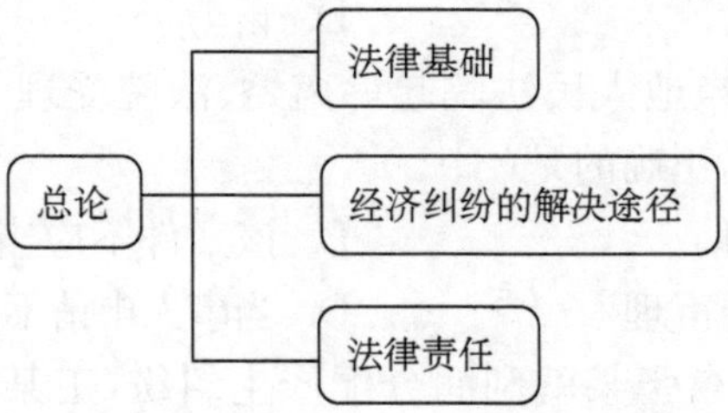


## 本章强化训练

### 一、单项选择题

**1.** 不同法的形式具有不同的效力等级。下列各项中，效力低于地方性法规的是(　　)。

A. 宪法　　B. 行政法规　　C. 法律　　D. 同级政府规章

**2.** 下列规范性文件中，属于地方性法规的是(　　)。

A. 北京市人民代表大会制定的《北京市招标投标条例》

B. 国务院制定的《城市居民最低生活保障条例》

C. 全国人民代表大会常务委员会制定的《中华人民共和国证券法》

D. 中国人民银行制定的《人民币银行结算账户管理办法》

**3.** 在下列法的各项分类中，根据法的内容所作的分类是(　　)。

A. 成文法和不成文法　　B. 实体法和程序法

C. 根本法和普通法　　D. 公法和私法

**4.** 将法律行为分为自主行为与代理行为的标准是(　　)。

A. 行为是否通过意思表示　　B. 行为是否符合法律规范的要求

C. 行为的表现形式　　D. 主体实际参与行为的状态

**5.** 下列关于自然人法人民事行为能力与民事权利能力的表述中，错误的是(　　)。

A. 自然人民事行为能力是指个人能够参加某种法律关系、依法享有一定的权利和承担一定的义务的法律资格

B. 法人的行为能力和权利能力是一致的

C. 自然人具有权利能力并不必然具有行为能力

D. 自然人民事行为能力划分为完全民事行为能力、限制民事行为能力和无民事行为

能力

6. 下列法的形式中，属于国家的根本大法、具有最高法律效力的是（　　）。
A.《中华人民共和国公司法》　　B.《中华人民共和国宪法》
C.《中华人民共和国会计法》　　D.《中华人民共和国刑法》

7. 下列法律关系客体中，不属于精神产品的是（　　）。
A. 作品　　B. 发明　　C. 商标　　D. 数据信息

8. 甲公司与乙保险公司签订一份设备财产保险合同，之后甲公司的设备遭遇雷电袭击，乙保险公司向甲公司赔付保险金300万元。引起该保险赔偿法律关系发生的法律事件是（　　）。
A. 投保的标的物设备　　B. 甲公司和乙保险公司
C. 签订保险合同的行为　　D. 雷劈

9. 小王夫妇因感情不和向当地人民法院起诉离婚、法院受理了该案件。下列关于该案件是否公开审理的表述中，正确的是（　　）。
A. 该案件应当公开审理　　B. 该案件不应当公开审理
C. 由法院决定是否公开审理　　D. 当事人申请不公开审理的，可以不公开审理

10. 甲公司的股东王某和股东张某就利润分配产生纠纷，王某向当地人民法院提起诉讼。根据《民事诉讼法》的规定，对该案件享有管辖权的人民法院是（　　）。
A. 甲公司住所地人民法院　　B. 王某住所地人民法院
C. 张某住所地人民法院　　D. 王某和张某协议的人民法院

11. 根据民事诉讼法律制度的规定，因港口作业发生纠纷的案件，对其有管辖权的人民法院是（　　）。
A. 原告住所地人民法院　　B. 被告住所地人民法院
C. 港口所在地人民法院　　D. 由争议双方协商选定的人民法院

12. 下列关于法的本质与特征的表述中，不正确的是（　　）。
A. 法是由国家制定或认可的规范
B. 法是社会成员共同意志的体现
C. 法由统治阶级的物质生活条件所决定
D. 法凭借国家强制力的保证获得普遍遵行的效力

13. 仲裁裁决为终局裁决，裁决书自（　　）之日起发生法律效力（法律另有规定的除外）。
A. 送达　　B. 作出　　C. 公证　　D. 接收

14. 甲公司因生产的奶制品所含食品添加剂严重超标，被市场监督管理局责令停产停业。甲公司应该承担的法律责任是（　　）。
A. 刑事责任　　B. 行政处分　　C. 民事责任　　D. 行政处罚

15. 小王今年15周岁，聪明伶俐、智力超群，下列说法正确的是（　　）。
A. 小王没有民事权利能力　　B. 小王是限制民事行为能力的人
C. 小王是完全民事行为能力的人　　D. 小王是无民事行为能力人

16. 行政复议机关应当自受理申请之日起（　　）日内作出行政复议决定（法律另有规定的除外）。
A. 15　　B. 30　　C. 45　　D. 60

**17.** 下列法律事实中，属于法律事件的是（　　）。

A. 买卖房屋　　B. 订立遗嘱　　C. 台风登陆　　D. 租赁设备

**18.** 把法律行为划分为积极行为与消极行为，是根据（　　）来划分的。

A. 行为的法律性质　　B. 行为的表现形式

C. 主体意思表示的形式　　D. 主体实际参与行为的状态

**19.** 诉讼时效期间届满，权利人丧失的是（　　）。

A. 上诉权　　B. 申诉权　　C. 胜诉权　　D. 实体权

**20.** 根据民事诉讼法律制度的规定，对因票据纠纷提起的民事诉讼享有管辖权的人民法院是（　　）。

A. 出票人住所地人民法院　　B. 持票人住所地人民法院

C. 票据出票地人民法院　　D. 票据支付地人民法院

**21.** 王某、赵某在杭州下城区签订房屋买卖合同，合同规定将王某在上海浦东新区一套房产出售给赵某。后因赵某未按约定时间支付价款，双方发生争议。根据民事诉讼法律制度的规定，该案件的管辖法院应当是（　　）。

A. 王某住所地人民法院　　B. 赵某住所地人民法院

C. 杭州下城区人民法院　　D. 上海浦东新区人民法院

**22.** 下列自然人属于无民事行为能力人的是（　　）。

A. 15 周岁的邢某，先天失聪

B. 65 周岁的钊某，患健忘症，不能完全辨认自己和他人的行为

C. 8 周岁的孟某，聪明过人

D. 20 周岁的王某，有智力缺陷，完全不能辨认自己的行为

**23.** 下列自然人属于完全民事行为能力人的是（　　）。

A. 9 岁的赵某，交大附小学习成绩优异的小学生

B. 15 岁的钱某，上海中学高中生

C. 13 岁的孙某，民大附中中学生

D. 17 岁的李某，幸福餐馆收银员，以自己劳动收入为主要生活来源

**24.** 15 周岁的徐某，系某省体操队职业运动员，月收入 3 000 元，完全能够满足自己生活所需，下列关于徐某民事行为能力的表述中正确的是（　　）。

A. 徐某可视为完全民事行为能力人　　B. 徐某属于完全民事行为能力人

C. 徐某属于限制民事行为能力人　　D. 徐某属于无民事行为能力人

**25.** 下列关于自然人民事行为能力划分的表述中不正确的是（　　）。

A. 16 周岁以上的未成年人以自己的劳动收入为主要生活来源的，视为完全民事行为能力人

B. 6 周岁的小学生是限制民事行为能力人

C. 不能辨认自己行为的成年人是无民事行为能力人

D. 不能完全辨认自己行为的成年人为限制民事行为能力人

**26.** 下列选项中，不属于民事责任种类的是（　　）。

A. 赔礼道歉　　B. 返还财产

C. 暂扣或者吊销许可证　　D. 消除影响

27. 下列各项中，属于行政处罚的是（　　）。

A. 恢复原状　　B. 拘役

C. 暂扣或者吊销许可证和执照　　D. 支付违约金

28. 根据《行政复议法》的规定，行政复议决定书发生法律效力的时间是（　　）。

A. 该决定书作出之日　　B. 该决定书送达之日

C. 该决定书作出之日起第 15 日　　D. 该决定书送达之日起第 60 日

29. 下列不适用《民事诉讼法》的案件类型是（　　）。

A. 民事案件　B. 刑事案件　C. 商事案件　D. 劳动争议案件

30. 甲公司长期拖欠乙公司货款，双方发生矛盾纠纷且一直未约定解决纠纷的方式。乙公司可采取的法律途径是（　　）。

A. 提起行政诉讼　B. 提请行政复议　C. 提起民事诉讼　D. 提请仲裁

31. 下列各项中，不属于法的形式的是（　　）。

A. 地方性法规　　B. 自治法规

C. 规范性文件　　D. 最高人民法院的判决书

32. 下列法的形式中，由全国人民代表大会及其常务委员会经一定立法程序制定颁布，调整国家、社会和公民生活中基本社会关系的是（　　）。

A. 宪法　B. 法律　C. 行政法规　D. 行政规章

33. 下列关于法的本质与特征的表述中，不正确的是（　　）。

A. 法是确定人们在社会关系中的权利和义务的行为规范

B. 法是统治阶级每一个个体成员的意志相加组成的

C. 法凭借国家强制力获得普遍遵行的效力

D. 法是明确而普遍适用的规范

34. 甲、乙公司因设备转让合同的履行产生纠纷，甲公司向某人民法院提起诉讼，法院受理该案件。已知该案件涉及商业秘密，下列关于该案件是否公开审理的表述中，正确的是（　　）。

A. 该案件应当公开审理

B. 该案件不应当公开审理

C. 由双方当事人协商后决定是否公开审理

D. 当事人申请不公开审理的，可以不公开审理

35. 根据民事诉讼法律制度的规定，下列民事纠纷中，当事人不得约定纠纷管辖法院的是（　　）。

A. 商标权纠纷　B. 物权变动纠纷　C. 赠与合同纠纷　D. 收养协议纠纷

36. 某县政府与某公司签订办公用品买卖合同，后因办公用品产生质量问题，双方发生纠纷且未达成仲裁协议。根据相关法律制度的规定，下列说法正确的是（　　）。

A. 该纠纷属于行政纠纷，该县政府可以提起行政诉讼

B. 该纠纷属于民事纠纷，该县政府可以提起民事诉讼

C. 该纠纷属于民事纠纷，该县政府既可以申请仲裁，也可以提起民事诉讼

D. 该纠纷属于行政纠纷，该县政府可以通过行政命令解决纠纷

37. 下列各项中，属于法律事实中法律事件的是（　　）。

A. 发行股票 B. 签订合同 C. 经营决策 D. 爆发战争

**38.** 因不动产提起诉讼的案件自行政行为作出之日起超过( )年,人民法院不予受理。

A. 3 B. 5 C. 15 D. 20

**39.** 下列关于自然人民事行为能力的表述不正确的是( )。

A. 不满 8 周岁的未成年人是无民事行为能力人

B. 8 周岁以上的未成年人是限制民事行为能力人

C. 18 周岁以上的成年人,具有完全民事行为能力

D. 成年人均具有完全民事行为能力

**40.** 根据《仲裁法》的规定,下列关于仲裁委员会的表述中,不正确的是( )。

A. 仲裁委员会是司法机关 B. 仲裁委员会不按行政区划层层设立

C. 仲裁委员会独立于行政机关 D. 仲裁委员会之间没有隶属关系

**41.** 张某向王某借款 2 万元,借据约定 2020 年 12 月 1 日前偿还。到期后张某无力偿还,并向王某重新作出书面保证,2021 年 1 月 10 日前一定偿还。下列有关该保证的法律后果表述正确的是( )。

A. 该保证使王某对张某的诉讼时效期间中止

B. 该保证使王某对张某的诉讼时效期间中断

C. 该保证使王某对张某的诉讼时效期间延长

D. 该保证使王某对张某的诉讼时效期间丧失

**42.** 根据《行政复议法》规定,下列各项中,不属于行政复议范围的是( )。

A. 甲企业对市场监督管理局作出的停产停业处罚决定不服

B. 乙公司对市场监督管理局作出的罚款处罚决定不服

C. 赵某对财政局作出的吊销会计职称证书处罚决定不服

D. 刘某对其所任职的税务局作出的警告处分决定不服

## 二、多项选择题

**1.** 某企业对其生产用设备向某保险公司投保,后因人为原因,该设备价值受到较大的损失,该企业即向保险公司索赔,由于双方对保险合同条款的理解有分歧,遂引发诉讼。则对该案件有管辖权的人民法院包括( )。

A. 被告住所地人民法院 B. 原告住所地人民法院

C. 投保设备购买地人民法院 D. 该设备所在地人民法院

**2.** 下列各项中,属于民事责任的形式有( )。

A. 赔偿损失 B. 警告 C. 返还财产 D. 没收违法所得

**3.** 下列各项中,可以成为法律关系主体的有( )。

A. 国有企业 B. 集体企业 C. 合伙企业 D. 个人独资企业

**4.** 根据《行政复议法》规定,公民、法人对行政机关作出的下列处理事项不服时,可以申请行政复议的有( )。

A. 丙公务员对行政机关裁员不服的

B. 甲商场向李某出售不合格商品发生纠纷,李某对市场监督管理部门调解结果不服的

C. 王某对税务机关就个人房屋出租租金收入征收个人所得税不服的

D. 个体户张某对市场监督管理部门吊销其个体营业执照不服的

**5.** 某行政机关财务负责人黄某因贪污被人民法院判处5年有期徒刑并处罚金和没收财产，之后黄某被该行政机关开除。黄某承担的法律责任中，属于刑事责任的有（　　）。

A. 没收财产　　B. 罚金　　C. 有期徒刑　　D. 开除

**6.** 根据民事诉讼法律制度的规定，对因侵权行为提起的民事诉讼案件享有管辖权的人民法院有（　　）。

A. 侵权结果发生地人民法院　　B. 被告住所地人民法院

C. 原告住所地人民法院　　D. 侵权行为实施地人民法院

**7.** 下列属于特别法人的有（　　）。

A. 股份有限责任公司　　B. 个人独资企业

C. 农村集体经济组织　　D. 国家机关

**8.** 根据《仲裁法》的规定，下列各项中正确的有（　　）。

A. 仲裁必须由双方当事人自愿达成仲裁协议方可进行，而诉讼只要有一方当事人起诉即可进行

B. 仲裁实行一裁终局制度，而诉讼实行两审终审制度

C. 仲裁不公开进行，诉讼一般公开进行

D. 仲裁当事人可以自愿调解，诉讼当事人不适用调解

**9.** 甲公司得知竞争对手乙公司在M市的营销策略将会进行重大调整，于是到乙公司设在N市的分部窃取乙公司内部机密文件，随之采取相应对策，给乙公司在M市的营销造成重大损失，乙公司经过调查掌握了甲公司的侵权证据，拟向法院提起诉讼，其可以选择提起诉讼的人民法院有（　　）。

A. 甲公司住所地人民法院　　B. 乙公司住所地人民法院

C. M市人民法院　　D. N市人民法院

**10.** 根据民事法律制度的规定，下列各项中，可导致诉讼时效中断的情形有（　　）。

A. 当事人提起诉讼

B. 当事人一方提出履行请求

C. 当事人同意履行义务

D. 发生不可抗力致使权利人不能行使请求权

**11.** 根据《仲裁法》的规定，下列情形中的仲裁协议属于无效的有（　　）。

A. 甲、乙两公司在建设工程合同中依法约定有仲裁条款，其后，该建设工程合同被确认无效

B. 王某与李某在仲裁协议中约定，将他们之间的扶养合同纠纷交由某仲裁委员会仲裁

C. 郑某与甲企业在仲裁协议中对仲裁委员会约定不明确，且不能达成补充协议

D. 陈某在与高某发生融资租赁合同纠纷后，高某与陈某订立口头仲裁协议

**12.** 下列有关仲裁的说法，正确的有（　　）。

A. 平等主体的公民、法人和其他组织之间发生的财产权益纠纷，可以仲裁

B. 仲裁实行自愿原则

C. 仲裁员与本案有利害关系必须回避

D. 仲裁应当公开进行

**13.** 甲户籍所在地为F市，退休返回原籍H市居住至去世，其生前在S市购置房产。其子女乙、丙、丁因甲的遗产继承发生纠纷，若提起诉讼，则对该案件享有管辖权的人民法院有(　　)。

A. F市人民法院　　B. H市人民法院
C. S市人民法院　　D. 乙、丙、丁协议的人民法院

**14.** 根据《行政诉讼法》的规定，公民、法人或者其他组织对下列事项提出的诉讼中，属于人民法院行政诉讼受理范围的有(　　)。

A. 认为国务院部门制定的规章不合法的　　B. 对没收违法所得的行政处罚决定不服的
C. 申请行政许可，行政机关拒绝的　　D. 认为行政机关滥用行政权力限制竞争的

**15.** 下列各项中，属于刑罚中附加刑的有(　　)。

A. 有期徒刑　　B. 无期徒刑　　C. 剥夺政治权利　　D. 驱逐出境

**16.** 下列自然人的精神状态均为正常，其中属于限制民事行为能力人的有(　　)。

A. 6周岁的小刘　　B. 8周岁的小明
C. 14周岁的小吴　　D. 19周岁的小张

**17.** 下列选项中，对刑罚表述正确的有(　　)。

A. 拘役的期限是6个月以上2年以下
B. 管制的期限是3个月以上6个月以下
C. 有期徒刑期限为6个月以上15年以下
D. 死刑，如果不是必须立即执行的，可以判处死刑的同时宣告缓期2年执行

**18.** 下列法律责任形式中，不属于刑事责任的有(　　)。

A. 警告　　B. 吊销营业执照　　C. 没收财产　　D. 查封、扣押财产

**19.** 我国法的形式主要包括(　　)。

A. 宪法　　B. 法律　　C. 行政法规　　D. 规章

**20.** 下列各项中，属于法律行为的有(　　)。

A. 订立合同　　B. 成立公司　　C. 录取职工　　D. 爆发战争

**21.** 下列有关仲裁的论述中，符合《仲裁法》规定的有(　　)。

A. 仲裁实行自愿原则
B. 仲裁一律公开进行
C. 仲裁不实行级别管辖和地域管辖
D. 当事人不服仲裁裁决可以向人民法院起诉

**22.** 当事人对(　　)的具体行政行为不服的，只能向上一级主管部门申请行政复议。

A. 海关　　B. 金融机关　　C. 外汇管理机关　　D. 国家安全机关

**23.** 根据《行政复议法》规定，下列各项中，属于行政复议范围的有(　　)。

A. 对税务机关作出的税收保全措施决定不服的
B. 对税务机关作出的税收强制执行措施决定不服的
C. 对税务机关作出的给予其员工开除的行政处分决定不服的
D. 对财政部门会计管理机构作出的吊销会计专业技术资格决定不服的

**24.** 沛县市场监督管理局对明丰公司作出处罚决定，明丰公司不服，向位于A市的上一级市场监督管理局申请复议，该上级市场监督管理局改变了处罚内容，明丰公司仍不服，其

可以提起诉讼的人民法院有（ ）。

A. 沛县人民法院　　B. A市人民法院

C. 明丰公司所在地人民法院　　D. 处罚地人民法院

**25.** 下列有关诉讼时效的表述中，错误的有（ ）。

A. 诉讼时效期间从权利人的权利被侵害之日起计算

B. 权利人提起诉讼是诉讼时效中止的法定事由之一

C. 只有在诉讼时效期间的最后6个月内发生诉讼时效中止的法定事由，才能中止时效的进行

D. 诉讼时效中止的法定事由发生之后，已经经过的时效期间统归无效

**26.** 下列权利义务中，属于法律关系内容的有（ ）。

A. 所有权　B. 纳税义务　C. 经营管理权　D. 服兵役义务

**27.** 甲、乙因合同纠纷申请仲裁，仲裁庭对案件裁决未能形成一致意见，下列关于该案件仲裁裁决的表述中，符合法律规定的有（ ）。

A. 应当按照多数仲裁员的意见作出裁决

B. 应当由仲裁庭达成一致意见作出裁决

C. 仲裁庭不能形成多数意见时，按照首席仲裁员的意见作出裁决

D. 仲裁庭不能形成一致意见时，提请仲裁委员会作出裁决

**28.** 下列案件中，适用《民事诉讼法》的有（ ）。

A. 公民名誉权纠纷案件

B. 企业与银行因票据纠纷提起诉讼的案件

C. 纳税人与税务机关因税收征纳争议提起诉讼的案件

D. 劳动者与用人单位因劳动合同纠纷提起诉讼的案件

**29.** 下列一审行政案件中，由中级人民法院管辖的有（ ）。

A. 对国务院各部委所作的行政行为提起诉讼的案件

B. 海关处理的案件

C. 对省级人民政府所作的具体行政行为提起诉讼的案件

D. 本辖区内重大、复杂的案件

**30.** 下列可以成为法律关系主体的有（ ）。

A. 自由职业者　B. 个体经营户　C. 个人独资企业　D. 股份有限公司

**31.** 下列各项中，属于经济法律关系客体的有（ ）。

A. 提供劳务行为　B. 自然灾害　C. 注册商标　D. 战争

**32.** 根据《行政复议法》的规定，下列情形中，公民、法人或者其他组织可以申请行政复议的有（ ）。

A. 对行政机关作出的没收违法所得行政处罚决定不服的

B. 申请行政机关履行保护财产权利的法定职责，行政机关没有依法履行的

C. 认为行政机关侵犯其合法的经营自主权的

D. 不服行政机关对民事纠纷作出调解的

**33.** 根据《行政复议法》的规定，行政复议机关在受理行政复议时，对被申请人的下列具体行政行为，经行政复议机关审查应当予以撤销、变更或者确认其违法的有（ ）。

A. 主要事实不清、证据不足　　　　B. 适用依据错误
C. 违反法定程序　　　　D. 超越或者滥用职权

**34.** 下列各项纠纷中,不适用《仲裁法》的有( )。
A. 张某与李某因劳动关系而发生纠纷
B. 赵某与王某因财产继承而发生纠纷
C. 某运输公司与保险公司因保险标的的理赔而发生纠纷
D. 某农民与集体签订的土地承包合同纠纷

**35.** 根据我国《仲裁法》的规定,仲裁协议应当包括的内容有( )。
A. 请求仲裁的意思表示　　　　B. 有仲裁事项
C. 有选定的仲裁委员会　　　　D. 有具体的仲裁事由

**36.** 在法律关系的主体资格行为能力规定中,限制民事行为能力人包括( )。
A. 16 周岁以上的未成年人,以自己的劳动收入为主要生活来源的
B. 8 周岁以上的未成年人
C. 不能完全辨认自己行为的成年人
D. 18 周岁以上的成年人,无经济来源

**37.** 关于适用法的效力,下列说法中正确的有( )。
A. 自治条例和单行条例依法对法律、行政法规、地方性法规作变通规定的,在本自治地方适用自治条例和单行条例的规定
B. 行政法规之间对同一事项的新的一般规定与旧的特别规定不一致,不能确定如何适用时,由全国人民代表大会常务委员会裁决
C. 同一机关制定的法律、行政法规、地方性法规、自治条例和单行条例、规章,特别规定与一般规定不一致的,适用特别规定
D. 下位法与上位法冲突时,以上位法为据,不再适用下位法

**38.** 行政复议期间,下列情形中,具体行政行为可以停止执行的有( )。
A. 被申请人认为应当停止执行的
B. 行政复议机关认为应当停止执行的
C. 申请人申请停止执行,复议机关认为其要求合理,决定停止执行的
D. 法律规定停止执行的

三、判断题

**1.** 部门规章之间,部门规章与地方政府规章之间对同一事项的规定不一致时,由全国人民代表大会裁决。 ( )

**2.** 当事人对仲裁协议的效力有异议的,一方请求仲裁委员会作出决定,另一方请求人民法院作出裁定的,由仲裁委员会裁定。 ( )

**3.** 甲公司与乙公司解除合同关系,则合同中的仲裁条款也随之失效。 ( )

**4.** 因不动产纠纷提起的诉讼,由不动产所有权人住所地人民法院管辖。 ( )

**5.** 因确认股东资格纠纷提起的诉讼,由公司住所地人民法院管辖。 ( )

**6.** 经过行政复议的行政诉讼案件,均由行政复议机关所在地人民法院管辖。 ( )

**7.** 行政赔偿、补偿以及行政机关行使法律、法规规定的自由裁量权的行政诉讼案件可以调

解。（ ）

8. 一方当事人不履行仲裁裁决的，当事人可以申请仲裁机构强制执行。（ ）

9. 公民、法人或者其他组织因不可抗力或者其他不属于其自身的原因耽误起诉期限的，被耽误的时间计算在起诉期限内。（ ）

10. 已满 14 周岁的人犯罪，应当负刑事责任。（ ）

11. 没收违法所得、没收非法财物属于行政处罚。（ ）

12. 行政复议的举证责任，由申请人承担。（ ）

13. 行政复议决定自作出之日起发生法律效力。（ ）

14. 宋某和李某之间因离婚财产分割而发生的争议，可以根据《仲裁法》的规定申请仲裁。（ ）

15. 已满 14 周岁，不满 18 周岁的人犯罪，可以从轻或者减轻处罚。（ ）

16. 人民法院审理民事案件，在事实清楚的基础上必须依法进行调解。（ ）

17. 审理行政纠纷案件，经双方当事人同意可以调解。（ ）

18. 公民、法人或者其他组织直接向人民法院提起行政诉讼的，应当在知道或者应当知道作出具体行政行为之日起 60 日内提出。（ ）

19. 中华人民共和国国务院制定和发布的规范性文件是法律。（ ）

20. 已满 75 周岁的人故意犯罪，应当从轻或者减轻处罚；过失犯罪的，可以从轻或者免于处罚。（ ）

21. 经济纠纷案件当事人只能向纠纷发生地仲裁机构提请仲裁。（ ）

22. 当事人对仲裁协议的效力有异议的，可以请求仲裁委员会作出决定或者请求人民法院作出裁定。（ ）

23. 买卖合同当事人发生纠纷，没有仲裁协议，一方申请仲裁的，仲裁委员会应予受理。（ ）

24. 合法行为才能引起相应的经济法律关系产生、变更或终止。（ ）

25. 专利权既可以作为法律关系的内容，也可以作为法律关系的客体。（ ）

26. 行政复议机关受理行政复议申请，可以向申请人收取适当的费用。（ ）

27. 停止侵害、排除妨碍、赔偿损失、修理、更换、恢复名誉都属于行政责任的范围。（ ）

28. 甲企业对其生产用设备向乙保险公司投保，后因人为原因，该设备价值受到较大的损失，该企业即向保险公司索赔，被保险公司拒绝，遂引发诉讼。根据民事诉讼法的规定，甲企业可以向乙保险公司住所地或者保险标的物所在地人民法院起诉。（ ）

# 第二章　会计法律制度

## 本章知识框架

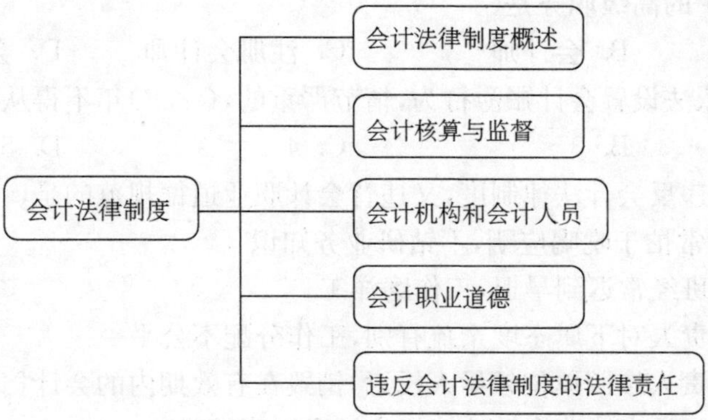


## 本章强化训练

### 一、单项选择题

**1.** 单位在审核原始凭证时，发现外来原始凭证的金额有错误，正确的做法是（　　）。

A. 由接受凭证单位更正并加盖公章　　B. 由原出具凭证单位重开

C. 由原出具凭证单位更正并加盖公章　　D. 由经办人员更正并报领导审批

**2.** 下列各项中，不属于会计专业职务的是（　　）。

A. 总会计师　　B. 助理会计师　　C. 会计师　　D. 高级会计师

**3.** 审计、税务、证券监管等部门，依据有关法律、行政法规，可以对有关单位的（　　）实施监督检查。

A. 经济活动　　B. 会计行为　　C. 会计资料　　D. 会计人员

**4.** 根据《会计档案管理办法》的规定，当年形成的会计档案在年度终了后，可暂由会计部门保管的期限是（　　）年。

A. 1　　B. 3　　C. 5　　D. 10

**5.** 根据《会计法》的规定，单位负责人对依法履行职责的会计人员实行打击报复的，除对单位负责人依法进行处罚外，对遭受打击报复的会计人员还应采取补救措施。下列各项中，不属于补救措施的是（　　）。

A. 恢复原有级别　　B. 恢复原有职务　　C. 警告　　D. 恢复名誉

6. 根据会计法律制度的规定，记账凭证的保管期限为（　　）年。

A. 5　B. 30　C. 10　D. 20

7. 会计工作交接时，接替人员在交接时因疏忽没有发现所交接会计资料存在真实性、完整性方面的问题。如事后发现，对该问题应负责的人是（　　）。

A. 接替人员和原移交人员　B. 原移交人员

C. 接替人　D. 会计机构负责人

8. 下列各项中，对报送的财务报告的合法性、真实性负首要法律责任的是（　　）。

A. 总会计师　B. 会计主管人员　C. 单位负责人　D. 会计机构负责人

9. 一般会计人员办理会计工作交接手续时，应由（　　）负责监交。

A. 单位负责人　B. 会计机构负责人　C. 单位领导人　D. 人事主管人员

10. 会计专业职务中的高级职务是（　　）。

A. 高级会计师　B. 会计师　C. 注册会计师　D. 会计员

11. 会计人员有不依法设置会计账簿行为，情节严重的，（　　）年不得从事会计工作。

A. 2　B. 3　C. 4　D. 5

12. 下列情形中，既违反会计法律制度，又违背会计职业道德规范的是（　　）。

A. 会计人员经常忙于吃喝应酬，不钻研业务知识

B. 会计人员上班经常迟到早退，工作磨洋工

C. 会计机构负责人对下属态度亲疏有别，工作分配不公平

D. 会计机构负责人按照单位领导人授意，销毁在有效期内的会计档案

13. 下列事业单位中，没有违背会计法律规定回避制度的是（　　）。

A. 甲单位法人代表的妻子担任本单位财务部门经理

B. 乙单位会计科长的女儿担任本部门出纳员

C. 丙单位董事长的侄子担任财务部门经理

D. 丁单位财务处处长的同学担任本部门出纳员

14. 建设单位在项目建设期间形成的会计档案，需要移交给建设项目接受单位的，应当在（　　）后及时移交，并按照规定办理交接手续。

A. 办理开工财务预算　B. 工程验收合格

C. 接受单位占有使用　D. 办理竣工财务决算

15. 根据《会计法》的规定，对本单位的会计工作和会计资料的真实性、完整性负责的人是（　　）。

A. 出纳人员　B. 会计机构负责人

C. 单位分管会计工作领导　D. 单位负责人

16. 以虚假的经济业务为依据编制会计凭证和会计账簿，这种行为属于（　　）。

A. 变造会计凭证和会计账簿　B. 伪造会计凭证和会计账簿

C. 设置账外账　D. 报送虚假会计报表

17. 根据会计法律制度的规定，下列行为中，属于伪造会计资料的是（　　）。

A. 以虚假的经济业务编制会计凭证和会计账簿

B. 用涂改、挖补等手段改变会计凭证和会计账簿的真实内容

C. 随意变更会计处理方法

D. 由于差错导致会计凭证与会计账簿记录不一致

**18.** 会计专业技术人员参加继续教育实行学分制管理，每年参加继续教育取得的学分不少于（　　）学分。

A. 60　　B. 70　　C. 80　　D. 90

**19.** 关于会计档案的销毁，下列表述正确的是（　　）。

A. 单位负责人、档案管理机构负责人、会计管理机构负责人、档案管理机构经办人、会计管理机构经办人在会计档案销毁清册上签署意见

B. 单位档案管理机构负责组织会计档案销毁工作，并与审计机构共同派员监销

C. 监销人在会计档案销毁前，应当按照会计档案销毁清册所列内容进行清点核对；在会计档案销毁后，在会计档案销毁清册上无须签名或盖章

D. 电子会计档案的销毁应当符合国家有关电子档案的规定，并由单位档案管理机构和信息系统管理机构共同派员监销

**20.** 2016 年 10 月编制的第三季度财务会计报告至（　　）保管期满。

A. 2026 年 10 月 31 日　　B. 需要永久保管

C. 2046 年 12 月 31 日　　D. 2026 年 12 月 31 日

**21.** 根据《会计法》的规定，有权制定国家统一的会计制度的政府部门是（　　）。

A. 国务院　　B. 国务院财政部门

C. 国务院各业务主管部门　　D. 省级人民政府财政部门

**22.** 下列关于原始凭证审核的说法中，不正确的是（　　）。

A. 一式几联的原始凭证，应当注明各联的用途，只能以一联作为报销凭证

B. 原始凭证金额有错误的，应由出具单位更正，并加盖出具单位印章

C. 自制原始凭证必须有经办单位领导人或其指定的人员签名或盖章

D. 购买实物的原始凭证，必须有验收证明

**23.** 根据《会计档案管理办法》的规定。会计档案的保管期限分为永久和定期两类。关于会计档案定期保管期限的下列表述中，符合规定的是（　　）。

A. 保管期限分为 10 年、30 年两种

B. 保管期限分为 5 年、10 年、15 年三种

C. 保管期限分为 3 年、5 年、10 年、30 年四种

D. 保管期限分为 3 年、5 年、10 年、20 年、30 年五种

**24.** （　　）是要求企业全面系统地分析、梳理业务流程中所涉及的不相容职务，实施相应的分离措施，形成各司其职、各负其责、相互制约的工作机制。

A. 授权审批控制　　B. 会计系统控制

C. 预算控制　　D. 不相容职务分离控制

**25.** 下列各项中，不属于会计岗位的是（　　）。

A. 会计机构内档案管理岗位　　B. 单位内部审计岗位

C. 财产物资收发、增减核算岗位　　D. 总账岗位

**26.** 下列各项中，属于会计核算依据的是（　　）。

A. 实际发生的会计业务事项　　B. 实际发生的经济业务事项

C. 计划发生的会计业务事项　　D. 计划发生的会计业务事项

**27.** 下列各项中，不属于会计核算内容的是（　　）。

A. 资本、基金的增减　　B. 制订下年度开支计划

C. 财务成果的计算和处理　　D. 财物的收发、增减和使用

**28.** 所谓提供虚假财务会计报告，是指（　　）。

A. 以虚假的经济业务事项为前提编造不真实的会计凭证、会计账簿

B. 以涂改、挖补等手段来改变会计凭证、会计账簿等的真实内容，歪曲事实真相的行为

C. 通过编造虚假的会计凭证、会计账簿等会计资料或直接篡改财务会计报告上的数据

D. 以上答案都不对

**29.** 甲公司持续几年亏损，该公司财务人员提出负债经营的思路，扭转了亏损局面，这体现了会计职业道德中的（　　）内容。

A. 参与管理　　B. 坚持准则　　C. 提高技能　　D. 强化服务

**30.** 关于会计工作交接，下列说法不正确的是（　　）。

A. 一般会计人员办理交接手续，由会计机构负责人（会计主管人员）监交

B. 单位撤销时，必须留有会计人员会同有关人员办理清理工作，确有特殊原因的在移交完成前可提前离职

C. 移交清册应一式三份，交接双方各执一份，存档一份

D. 接替人员应继续使用移交的会计账簿

**31.** 根据《会计基础工作规范》的规定，回避制度中所说的直系亲属不包括（　　）。

A. 夫妻关系　　B. 子女与父母　　C. 配偶的表姐　　D. 配偶的父母

**32.** 某国有独资公司准备在企业内部寻找合适的人员担任出纳，该企业会计机构负责人为刘某、企业管理部门负责人为张某、市场部经理为王某、上级主管部门负责人为吴某等候选人员中不可以担任单位财务部门出纳的是（　　）。

A. 刘某的丈夫　　B. 张某的妻子　　C. 王某的女儿　　D. 吴某的亲弟弟

**33.** 甲公司准备聘请会计主管人员，下列应聘人员中符合《会计法》所规定条件的是（　　）。

A. 取得注册会计师、注册资本评估师和税务师执业资格，但未从事过会计相关工作的人员

B. 担任出纳工作一年，并刚刚取得初级会计专业资格的人员

C. 取得会计专业博士学位，但无工作经验的人员

D. 会计专科学位，刚刚获得会计师专业技术职务资格的人员

**34.** 下列关于会计岗位设置的表述中，正确的是（　　）。

A. 各单位应当根据会计业务需要设置会计工作岗位，可以一人一岗、一人多岗或一岗多人

B. 出纳人员可以从事收入、支出、费用账目的登记工作

C. 为防范财务风险，所有的企业任用会计人员都应当实行回避制度

D. 国有企业单位领导人的直系亲属不得在本单位会计机构中担任出纳工作

**35.** 下列关于总会计师的说法中，错误的是（　　）。

A. 总会计师不是单位的行政领导成员

B. 总会计师组织领导本单位的财务管理与成本管理等工作

C. 总会计师直接对单位主要领导人负责

D. 总会计师参与本单位重要经济问题的分析和决策

**36.** 按照规定,(　　)任用会计人员应当实行回避制度。

A. 国家机关、国有企业、事业单位　　B. 国家机关、国有企业、企事业单位

C. 国有企业、企事业单位、外资企业　　D. 国有企业、事业单位、外资企业

**37.** 财政部门实施会计监督检查的对象是(　　)。

A. 经济活动　　B. 会计报告　　C. 会计资料　　D. 会计行为

**38.** 根据《企业会计准则》中关于财务会计报告的编制规定,下列说法正确的是(　　)。

A. 企业对外提供的财务会计报告仅包括资产负债表、利润表、现金流量表、所有者权益变动表

B. 审计报告是财务会计报告的组成部分,应当随同财务会计报告一并提供

C. 单位负责人应当在财务会计报告上签名并盖章

D. 单位出纳员应当在财务会计报告上签名并盖章

**39.** 关于会计账簿,下列表述正确的是(　　)。

A. 会计账簿登记,只能以经过审核的原始凭证为依据

B. 会计账簿登记,只能以经过审核的记账凭证为依据

C. 账务核对的主要内容是账实核对和账证核对

D. 各单位应当定期将会计账簿与实物、款项实有数相互核对,以保证账实相符

**40.** 下列不属于代理记账机构及其从业人员义务的是(　　)。

A. 遵守有关法律、法规和国家统一的会计制度的规定,按照委托合同办理代理记账业务

B. 对在执行业务中知悉的商业秘密予以保密

C. 对委托人要求其作出不当的会计处理,提供不实的会计资料,以及其他不符合法律、法规和国家统一的会计制度行为的,予以拒绝

D. 应当配备专人负责日常货币收支和保管

**41.** 下列各项中,不属于不得销毁的会计档案的是(　　)。

A. 保管期满但未结清的债权债务原始凭证

B. 保管期满但涉及未了事项的会计凭证

C. 保管期满确无保存价值的会计档案

D. 保管期满但未结清的债权债务会计凭证

**42.** 下列属于标准审计报告的是(　　)。

A. 不含强调事项段的无保留意见的审计报告

B. 带强调事项段的无保留意见的审计报告

C. 保留意见的审计报告

D. 无法表示意见的审计报告

**43.** 下列各项中,不属于会计资料归档范围的是(　　)。

A. 会计凭证　　B. 会计账簿　　C. 财务会计报告　　D. 经济合同

**44.** 单位会计管理机构临时保管会计档案最长不超过(　　)年。

A. 1　　B. 2　　C. 3　　D. 5

**45.** 应当保证会计机构、会计人员依法履行职责,不得授意、指使、强令会计机构、会计人员

违法办理会计事项的是（　　）。

A. 单位负责人　　B. 会计机构负责人

C. 财政部门　　D. 审计机构负责人

**46.** 高级会计师资格的取得实行（　　）。

A. 全国统一考试制度　　B. 考试和评审相结合制度

C. 地方统一考试制度　　D. 评审制度

**47.** 以未经审核的会计凭证为依据登记会计账簿的行为，可以由县级以上财政部门视情节轻重对直接负责的主管人员处以一定额度的罚款，该额度为（　　）。

A. 两千元及以下　　B. 两千元以上一万元以下

C. 两千元以上两万元以下　　D. 三千元以上五万元以下

**48.** 违反《会计法》规定，由县级以上人民政府财政部门责令限期改正，可以时单位并处三千元以上五万元以下的罚款的进法行为是（　　）。

A. 变造会计凭证　　B. 私设会计账簿

C. 隐匿应当保存的会计凭证　　D. 编制虚假财务会计报告

## 二、多项选择题

**1.** 关于企业对外报送的财务报告的签章手续，应当签名并盖章的主体有（　　）。

A. 会计机构负责人　B. 会计主管人员　C. 注册会计师　D. 单位负责人

**2.** 下列属于记账凭证必须具备的内容有（　　）。

A. 凭证编号　B. 会计科目　C. 经济业务摘要　D. 所附原始凭证张数

**3.** 根据《会计法》的规定，对下列经济业务事项，应当办理会计手续，进行会计核算的有（　　）。

A. 财物的收发、增减和使用　　B. 债权债务的发生和结算

C. 收入、支出、费用成本的计算　　D. 财务成果的计算和处理

**4.** 根据会计法律制度的规定，下列各项中属于企业财务会计报告组成部分的有（　　）。

A. 审计报告　B. 会计报表附注　C. 会计报表　D. 财务情况说明书

**5.** 根据会计法律制度的规定，下列关于账务核对的表述中，正确的有（　　）。

A. 保证会计账簿记录与会计凭证的有关内容相符

B. 保证会计账簿记录与年度财务预算相符

C. 保证会计账簿之间相对应的记录相符

D. 保证会计账簿记录与实物及款项的实有数额相符

**6.** 下列会计档案中，最低保管期限为 30 年的有（　　）。

A. 会计档案保管清册　　B. 总账

C. 银行存款余额调节表　　D. 原始凭证

**7.** 下列关于会计职业道德和会计法律制度关系的说法中，错误的有（　　）。

A. 两者是相互联系的　　B. 两者是完全等同的

C. 两者是相互排斥的　　D. 两者是相互制约的

**8.** 下列各项中，属于会计职业道德内容规范的有（　　）。

A. 参与管理　B. 提高技能　C. 爱岗敬业　D. 廉洁自律

9. 经鉴定可以销毁的会计档案，在销毁程序中，需要在会计档案销毁清册上签署意见的有（　　）。

A. 会计管理机构负责人　　B. 档案管理机构经办人

C. 档案管理机构负责人　　D. 单位负责人

10. 会计机构、会计人员对不真实、不合法的原始凭证有权（　　）。

A. 向单位负责人报告　　B. 不予接受

C. 予以退回，要求更正、补充　　D. 予以接受

11. 会计工作的社会监督主要包括（　　）。

A. 单位和个人对会计违法行为的检举

B. 审计、税务和中国人民银行依法实施的监督

C. 县级以上财政部门依法实施的监督

D. 注册会计师及其所在的会计师事务所依法实施的监督

12. 根据规定，移交人员对自己经办且已经移交的会计资料的（　　）要承担法律责任。

A. 真实性　　B. 合法性　　C. 关联性　　D. 准确性

13. 下列关于会计保管的说法中，正确的有（　　）。

A. 对于数量过多的原始凭证，可以单独装订保管

B. 会计凭证登记完毕后，应当按照分类和编号顺序保管，不得散乱丢失

C. 其他单位如因特殊原因需要使用原始凭证时，经本单位会计机构负责人、会计主管人员批准，可以外借

D. 从外单位取得的原始凭证如有遗失，应当取得原开出单位盖有公章的证明，并注明原来凭证的号码、金额和内容等，由经办单位会计机构负责人、会计主管人员和单位领导人批准后，才能代作原始凭证

14. 下列关于财务会计报告签章手续，应当签名并盖章的主体有（　　）。

A. 审计人员　　B. 单位负责人　　C. 总会计师　　D. 会计机构负责人

15. 下列各项中，属于会计监督体系组成部分的有（　　）。

A. 社会舆论监督

B. 单位内部会计监督

C. 以政府财政部门为主体的会计工作政府监督

D. 以注册会计师及其所在的会计师事务所为主体的会计工作社会监督

16. 根据《会计法》的规定，对于“随意变更会计处理方法”的行为，应当承担的法律责任有（　　）。

A. 对其直接负责的主管人员可以处两千元以上两万元以下的罚款

B. 构成犯罪的，依法追究刑事责任

C. 由县级以上人民政府财政部门责令限期改正

D. 对单位处以三千元以上五万元以下的罚款

17. 下列属于启用会计账簿基本要求的有（　　）。

A. 启用会计账簿时，应当在账簿封面上写明单位名称和账簿名称

B. 在账簿扉页上应当附启用表

C. 启用订本式账簿，应当从第一页到最后一页顺序编定页数，不得跳页、缺号

D. 记账人员或者会计机构负责人、会计主管人员调动工作时，应当注明交接日期、接办人员或者监交人员姓名，并由交接双方人员签名或者盖章

**18.** 下列各项中，属于会计档案的有（　　）。

A. 月度财务计划　　B. 原始凭证

C. 公司的岗位规章制度　　D. 会计档案移交清册

**19.** 下列有关各类会计账簿用途的表述中，正确的有（　　）。

A. 总账是用于分类登记某一类经济业务事项，提供有关明细核算资料的账簿

B. 其他辅助账簿是为备忘备查而设置的

C. 日记账是按照经济业务事项发生的时间先后顺序，逐日逐笔地进行登记的账簿

D. 明细账是用于分类登记某一类经济业务事项，提供资产、负债、所有者权益、费用、成本、收入等"总括核算"的资料

**20.** 单位内部会计监督制度的要求，主要包括（　　）。

A. 记账人员与经济业务事项和会计事项的审批人员、经办人员、财务保管人员的职责权限应当明确，并相互分离、相互制约

B. 重大对外投资、资产处置、资金调度和其他重要经济业务事项的决策和执行的相互监督、相互制约程序应当明确

C. 财产清查的范围、期限和组织程序应当明确

D. 对会计资料定期进行内部审计的办法和程序应当明确

**21.** 下列各项中，属于会计职业道德中"客观公正"的基本要求有（　　）。

A. 端正态度　　B. 依法办事　　C. 实事求是　　D. 不偏不倚

**22.** 下列各项中，属于单位内部控制应当遵循的原则有（　　）。

A. 全面性原则　　B. 制衡性原则　　C. 适应性原则　　D. 重要性原则

**23.** 下列各项中，属于企业内部控制措施的有（　　）。

A. 不相容职务分离控制　　B. 授权审批控制

C. 预算控制　　D. 运营分析控制

**24.** 甲公司的会计人员王某的丈夫是一家科技公司总经理，在其丈夫的多次请求下，王某将在工作中接触到的公司新产品研发计划及相关会计资料复印件提供给其丈夫，给甲公司造成了一定的损失，但尚未构成犯罪，王某违背了（　　）的会计职业道德。

A. 客观公正　　B. 诚实守信　　C. 廉洁自律　　D. 强化服务

**25.** 下列会计工作岗位中，出纳不可以兼任的有（　　）。

A. 稽核　　B. 债券债务账目的登记

C. 固定资产明细账的登记　　D. 会计档案保管

**26.** 授意、指使、强令会计机构、会计人员伪造、变造会计凭证，属于国家工作人员的，由其所在单位或者有关单位依法给予（　　）的行政处分。

A. 降级　　B. 撤职　　C. 记大过　　D. 开除

**27.** 伪造、变造会计凭证、会计账簿，编制虚假财务会计报告，尚不构成犯罪的，应负的法律责任有（　　）。

A. 由县级以上人民政府财政部门予以通报，可以对单位并处五千元以上十万元以下的罚款

B. 对其直接负责的主管人员和其他直接责任人员，可以处三千元以上五万元以下的罚款
C. 对其直接负责的主管人员和其他直接责任人员，可以处两千元以上两万元以下的罚款
D. 属于国家工作人员的，还应当由其所在单位或者有关单位依法给予撤职直至开除的行政处分

**28.** 有关正确使用会计记录文字，下列表述正确的有（　　）。
A. 民族自治地区的企业，可以只使用当地通用的一种民族文字进行会计记录
B. 在我国境内的外商投资企业，会计记录文字应使用中文，可以同时使用一种外国文字
C. 在我国境内的外国企业，可以只使用其本国文字进行会计记录
D. 在我国境内的各类单位，会计记录均应使用中文

**29.** 会计工作移交前的准备工作有（　　）。
A. 已经受理的经济业务尚未填制会计凭证的，应当填制完毕
B. 尚未登记的账目，应当登记完毕，并在最后一笔余额后加盖经办人员印章
C. 整理应该移交的各项资料，对未了事项写出书面材料
D. 编制移交清册，列明应当移交的会计凭证、会计账簿、会计报表、印章、现金、有价证券、支票簿、发票，文件、其他会计资料和物品等内容

**30.** 下列各项中，属于单位内部会计监督主体的有（　　）。
A. 审计机构　　B. 会计机构　　C. 会计人员　　D. 审计人员

**31.** 下列各项中，属于行政事业单位内部控制方法的有（　　）。
A. 财产保护控制　　B. 归口管理　　C. 单据控制　　D. 信息对外公开

**32.** 下列选项中，属于代理记账机构可以接受委托办理的业务有（　　）。
A. 审核原始凭证　　B. 编制财务会计报告
C. 对外提供财务会计报告　　D. 向税务机关提供税务资料

**33.** 下列各项中，任用会计人员应当实行回避制度的有（　　）。
A. 国家机关　　B. 国有企业　　C. 事业单位　　D. 集体企业

**34.** 原始凭证的内容必须具备（　　）。
A. 凭证的名称　　B. 填制凭证的日期
C. 经济业务内容　　D. 经办人员的签名或盖章

**35.** 某地方财政部门进行执法检查时发现一家单位以虚假的经济事项编造了会计凭证和会计账簿，并据此编制了财务会计报告。对此，财政部门对该单位的违法行为应认，定为（　　）。
A. 伪造会计凭证行为　　B. 变造会计凭证和会计账簿行为
C. 伪造会计账簿行为　　D. 提供虚假的财务会计报告行为

**36.** 《会计法》规定单位负责人必须保证会计资料（　　）。
A. 合理　　B. 真实　　C. 全面　　D. 完整

**37.** 下列各项中，属于会计法律制度与会计职业道德区别的有（　　）。
A. 性质不同　　B. 作用范围不同

C. 表现形式不同　　　　　　　　　　D. 实施保障机制不同

**38.** 隐匿或者故意销毁依法应当保存的会计凭证、会计账簿、财务会计报告行为，尚不构成犯罪的，应负的法律责任有(　　)。

A. 县级以上人民政府财政部门予以通报，可以对单位并处五千元以上十万元以下的罚款

B. 对其直接负责的主管人员和其他直接责任人员，可以处三千元以上五万元以下的罚款

C. 属于国家工作人员的，还应当由其所在单位或者有关单位依法给予撤职直至开除的行政处分

D. 其中的会计人员，5 年内不得从事会计工作

## 三、判断题

**1.** 伪造会计凭证的行为，是指用涂改、挖补等手段来改变会计凭证的真实内容的行为。(　　)

**2.** 会计机构和会计人员如发现外来原始凭证金额填写错误，应当交由出具单位予以更正并在更正处加盖出具单位印章后，才能受理并据此进行会计核算。(　　)

**3.** 根据会计人员回避制度的规定，国有企业会计机构负责人的直系亲属不得担任本单位的任何职务。(　　)

**4.** 对于保管期满的会计凭证，可以销毁。(　　)

**5.** 原始凭证可以外借。(　　)

**6.**《会计法》规定，任何单位和个人对违反《会计法》和国家统一的会计制度规定的行为，有权检举。(　　)

**7.** 会计职业道德与会计法律制度一样，都是以国家强制力作为实施的保障。(　　)

**8.** 会计人员违反《会计法》，同时也一定违反会计职业道德。(　　)

**9.**《会计法》规定，业务收支以人民币以外的货币为主的单位，可以选定其中一种货币作为记账本位币，但是编报的财务会计报告应当折算为人民币。(　　)

**10.** 企业年度财务会计报告不包括现金流量表。(　　)

**11.** 会计法律制度通过国家强制力保障实施，具有很强的他律性；会计职业道德依靠会计从业人员的自觉性，具有很强的自律性。(　　)

**12.** 会计人员职称层级分为初级、中级、副高级和正高级。(　　)

**13.** 国家统一的会计制度由国务院制定和公布。(　　)

**14.** 我国的会计年度是以公历年度即每年 1 月 1 日起至 12 月 31 日止作为会计年度。(　　)

**15.** 会计机构负责人办理交接手续，应由主管单位派人进行监交。(　　)

**16.** 会计人员离职或因病不能工作的，会计机构负责人(会计主管人员)或单位负责人必须指定专人接替或者代理，并且办理会计工作交接手续。(　　)

**17.** 财政部门对各单位是否依法设置会计账簿；会计凭证、会计账簿、财务会计报告和其他会计资料是否真实，完整；会计核算是否符合《会计法》和国家统一的会计制度的规定等情况实施会计监督。(　　)

18. 会计档案销毁之后，监销人应该在销毁清册上签名和盖章。 ( )
19. 会计专业技术人员参加继续教育取得的学分，每年累计不得少于70学分。 ( )
20. 初级会计资格和中级会计资格的取得实行全国统一考试与评审相结合的制度。 ( )
21. 会计人员发现会计账簿记录与实物、款项及有关资料不相符的，应当立即向单位负责人报告，请求查明原因，作出处理。 ( )
22. 单位负责人为单位会计责任主体，就是说如果一个单位会计工作中出现违法违纪行为，单位负责人应当承担全部责任。 ( )
23. 各单位发生的各项经济业务事项应当统一进行会计核算，不得违反规定私设会计账簿进行登记、核算。 ( )
24. 会计资料的真实性和完整性，是会计资料最基本的质量要求，是会计工作的生命，各单位必须保证所提供会计资料的真实和完整。 ( )
25. 单位保存的会计档案一般不得对外借出。 ( )
26. 在我国企业可根据自身情况划分会计年度，但一经采用后不得随意变动。 ( )
27. 明确单位负责人为本单位的会计行为的责任主体，是要求单位负责人事必躬亲，直接管理会计人员办理会计事务。 ( )
28. 国有企业应当至少每两年一次向本企业的职工代表大会公布财务会计报告。 ( )

# 第三章　支付结算法律制度

## 本章知识框架

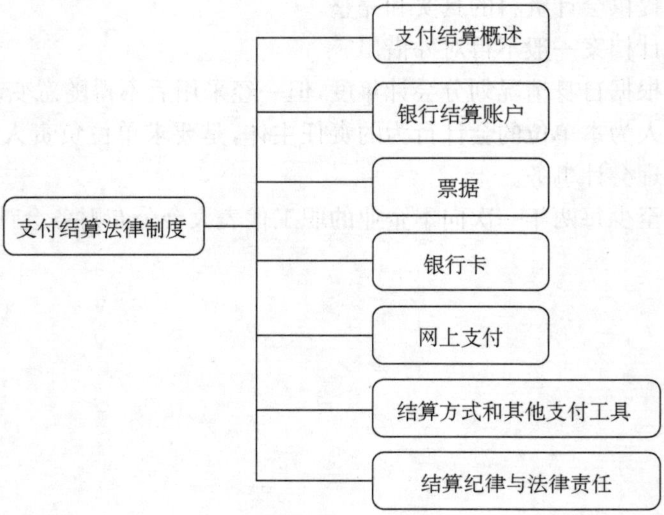


## 本章强化训练

**一、单项选择题**

**1.** 发卡机构调整信用卡利率的，应至少提前(　　)个自然日按照约定方式通知持卡人。

A. 15　　B. 30　　C. 45　　D. 60

**2.** 有关票据出票日期的说法，正确的是(　　)。

A. 票据的出票日期必须使用中文大写

B. 票据出票日期使用小写填写的，票据无效

C. 在填写月、日时，日为拾壹至拾玖的，应在其前面加“零”

D. 在填写月、日时，月为壹、贰和壹拾的，应在其前加“壹”

**3.** 某公司出纳于 2021 年 2 月 10 日签发了一张转账支票，转账支票上日期填写正确的是(　　)。

A. 贰零贰壹年贰月拾日　　B. 贰零贰壹年零贰月壹拾日

C. 贰零贰壹年零贰月零壹拾日　　D. 贰零贰壹年贰月壹拾日

**4.** 下列银行结算账户中，不能支取现金的是(　　)。

A. 单位银行卡账户　　B. 个人银行结算账户
C. 预算单位零余额账户　　D. 党、团、工会经费专用存款账户

**5.** 根据支付结算法律制度的规定,预算单位应向(　　)申请开立零余额账户。
A. 上级主管部门　B. 财政部门　C. 中国人民银行　D. 社保部门

**6.** 下列有关汇兑的表述中,不正确的是(　　)。
A. 汇兑分为信汇和电汇两种
B. 汇兑每笔金额起点为1万元
C. 汇兑适用于单位和个人各种款项的结算
D. 汇兑是汇款人委托银行将其款项支付给收款人的结算方式

**7.** 《支付结算办法》对商业汇票的最长付款期限的明确规定是(　　)个月。
A. 1　B. 3　C. 6　D. 9

**8.** A公司委托甲银行向B企业收取款项,B企业开户银行在债务证明到期日办理划款时,发现B企业存款账户不足支付的,可以采取的行为是(　　)。
A. 直接向A公司出具拒绝支付证明
B. 应通过甲银行向A公司发出未付款通知书
C. 先按委托收款凭证及债务证明标明的金额向A公司付款,然后向B企业追索
D. 应通知B企业存足相应款项,如果B企业在规定的时间内未存足款项的,再向甲银行出具拒绝支付证明

**9.** 根据支付结算法律制度的规定,关于国内信用证的下列表述中,正确的是(　　)。
A. 可用于支取现金
B. 开证申请人可以是个人
C. 付款期限最长不超过6个月
D. 国内信用证为以人民币计价、不可撤销的跟单信用证

**10.** 下列存款人开立的银行结算账户中,须经中国人民银行分支机构核准的是(　　)。
A. 公安局在银行开立的预算单位专用存款账户
B. 公司在银行开立的用于注册验资的临时存款账户
C. 自然人在银行开立的个人Ⅰ类账户
D. 公司在银行开立的一般存款账户

**11.** 根据支付结算法律制度的规定,下列各项中属于必须记载事项的是(　　)。
A. 承兑日期　B. 保证日期　C. 出票日期　D. 背书日期

**12.** 根据《人民币银行结算账户管理办法》的规定,存款人因对特定用途资金进行专项管理和使用而开立的账户是(　　)。
A. 基本存款账户　B. 一般存款账户　C. 专用存款账户　D. 临时存款账户

**13.** 自然人因投资、消费、结算等而开立的可办理支付结算业务的存款账户称为(　　)。
A. 临时存款账户　　B. 个人银行结算账户
C. 专用存款账户　　D. 一般存款账户

**14.** 根据支付结算法律制度的规定,下列关于票据提示付款期限的表述中,正确的是(　　)。
A. 支票的提示付款期限是自出票日起1个月

B. 银行汇票的提示付款期限是自出票日起 1 个月

C. 商业汇票的提示付款期限是自到期日起 1 个月

D. 银行本票的提示付款期限是自出票日起 1 个月

**15.** 银行本票见票即付,提示付款期限自出票日起最长不得超过(　　)个月。

A. 1　　B. 2　　C. 3　　D. 6

**16.** A 公司持有一张商业汇票,到期委托开户银行向承兑人收取票款。A 公司行使的票据权利是(　　)。

A. 付款请求权　　B. 利益返还请求权　　C. 票据追索权　　D. 票据返还请求权

**17.** A 公司签发一张商业汇票,根据《票据法》的规定,A 公司的下列签章行为中,正确的是(　　)。

A. 公司盖章　　B. 公司法定代表人盖章

C. 公司法定代表人签名加盖章　　D. 公司盖章加公司法定代表人盖章

**18.** 根据支付结算法律制度的规定,下列不属于商业汇票付款期限记载形式的是(　　)。

A. 见票后定期付款　　B. 定日付款

C. 出票后定期付款　　D. 见票即付

**19.** 下列选项中,属于可以背书转让汇票的情形是(　　)。

A. 汇票未记载付款地的　　B. 汇票超过付款提示期限的

C. 汇票被拒绝承兑的　　D. 汇票被拒绝付款的

**20.** 关于国内信用证特征的表述中,不符合法律规定的是(　　)。

A. 国内信用证为不可撤销信用证

B. 国内信用证不可转让

C. 国内信用证结算方式适用于国内企业商品交易的货款结算

D. 国内信用证只能用于转账结算,不得支取现金

**21.** A 公司成立后在某银行申请开立了一个用于办理日常转账结算和现金收付的账户,该账户性质属于(　　)。

A. 基本存款账户　　B. 一般存款账户　　C. 专用存款账户　　D. 临时存款账户

**22.** 公司因结算需要,向银行申请开立一般存款账户的,银行为该账户办理付款业务的起始时间是(　　)。

A. 正式开立该账户之日起

B. 向中国人民银行当地分支行备案之日起

C. 正式开立该账户之日起 3 个工作日后

D. 向中国人民银行当地分支行备案之日起 5 个工作日后

**23.** 根据规定,银行对信用卡透支利率实行上限和下限管理,透支利率上限为日利率万分之五,下限为日利率万分之五的(　　)倍。

A. 0.5　　B. 0.7　　C. 1　　D. 2

**24.** 下列关于支票的说法中,正确的是(　　)。

A. 支票的收款人可由出票人授权补记

B. 支票不可以背书转让

C. 支票的提示付款期限为出票日起 1 个月

D. 持票人提示付款时，支票的出票人账户金额不足的，银行应先向持票人支付票款

**25.** 下列各项中，不符合票据和结算凭证填写要求的是(　　)。

A. 票据的出票日期使用阿拉伯数字填写

B. 中文大写金额数字书写中使用繁体字

C. 阿拉伯小写金额数字前面，均应填写人民币符号

D. 将出票日期2月12日写成“零贰月壹拾贰日”

**26.** 单位、个人、银行在票据上签章时，必须按照规定进行，下列签章不符合国家规定的是(　　)。

A. 单位在票据上使用该单位的财务专用章

B. 个人在票据上使用该个人的签名

C. 商业承兑汇票的承兑人在票据上使用其预留银行的签章

D. 银行本票的出票人在票据上使用经中国人民银行批准使用的该银行本票专用章加法定代理人的签名或盖章

**27.** 票据金额以中文大写和阿拉伯数字同时记载，两者必须一致，两者不一致时其结果是(　　)。

A. 票据无效　　B. 以中文大写为准

C. 以阿拉伯数字为准　　D. 以中文大写和阿拉伯数字中较小的为准

**28.** 符合开立一般存款账户、其他专用存款账户和个人银行结算账户条件的，银行办理(　　)手续，并向中国人民银行当地分支行备案。

A. 开户　　B. 变更　　C. 撤销　　D. 备案

**29.** 下列关于票据特征的表述中，正确的是(　　)。

A. 票据所表示的权利与票据可分离

B. 票据出票人作出的付款承诺是有条件的

C. 票据是一种有价证券，具有一定的票面金额

D. 票据权利的转让必须交付票据，故票据又是“设权证券”

**30.** 下列关于预付卡的有关论述中，正确的是(　　)。

A. 记名预付卡的有效期不得低于3年

B. 不记名预付卡的资金限额不得超过1 000元

C. 预付卡可以透支

D. 超过有效期尚有资金余额的预付卡，其卡废止

**31.** 对银行报送的基本存款账户、临时存款账户和预算单位专用存款账户的开户资料，中国人民银行应于(　　)个工作日内进行合规性审核，符合开户条件的，予以核准。

A. 2　　B. 3　　C. 5　　D. 7

**32.** 存款人因临时需要并在规定期限内使用而开立的银行结算账户是(　　)。

A. 一般存款账户　　B. 基本存款账户　　C. 专用存款账户　　D. 临时存款账户

**33.** 收款人委托银行向付款人收取款项的结算方式是(　　)。

A. 汇兑　　B. 托收承付　　C. 委托收款　　D. 国内信用证

**34.** 下列关于预付卡的表述中，不正确的是(　　)。

A. 预付卡以人民币计价，不具有透支功能

B. 不记名须付卡有效期不得低于5年

C. 记名预付卡可在购卡3个月后办理赎回

D. 单张记名预付卡资金限额不得超过5 000元，单张不记名预付卡资金限额不得超过1 000元

**35.** 下列关于信用卡的表述中，不正确的是(　　)。

A. 准贷记卡是指持卡人须先按发卡银行要求交存一定金额的备用金，当备用金账户余额不足支付时，可在发卡银行规定的信用额度内透支的信用卡

B. 发卡银行对准贷记卡账户内的存款，按照中国人民银行规定的同期同档次存款利率及计息办法计付利息

C. 年满18周岁，有固定职业和稳定收入，工作单位和户口在常住地的城乡居民可以申请办理贷记卡

D. 贷记卡的免息还款期须按中国人民银行的统一规定执行

**36.** 银行汇票持票人向银行提示付款时，必须同时提交银行汇票和(　　)。

A. 解讫通知　　B. 进账单　　C. 个人身份证　　D. 支款凭证

**37.** 下列有关支票的表述中，正确的是(　　)。

A. 转账支票可以用于支取现金，也可用于转账

B. 现金支票可以用于支取现金，也可用于转账

C. 普通支票可以用于支取现金，也可用于转账

D. 用于支取现金的支票可以背书转让

**38.** 下列关于支票提示付款期限的表述中，正确的是(　　)。

A. 自出票日起10日　　B. 自出票日起20日

C. 自出票日起30日　　D. 自出票日起60日

**39.** 票据记载事项是指依法在票据上记载票据相关内容的行为，下列关于票据记载事项的表述中，正确的是(　　)。

A. 票据记载事项只有必须记载事项

B. 票据记载事项可分为必须记载事项和相对记载事项

C. 票据记载事项可分为任意记载事项和必须记载事项

D. 票据记载事项可分为必须记载事项、相对记载事项、任意记载事项和记载不产生票据法上效力的事项

**40.** 下列属于银行汇票可以更改的事项是(　　)。

A. 确定的金额　　B. 收款人名称　　C. 付款日期　　D. 出票日期

**41.** 下列有关票据结算的表述中，正确的是(　　)。

A. 银行承兑汇票的出票人是银行

B. 商业承兑汇票的承兑人是非银行单位

C. 银行本票不允许单位转让

D. 签发支票的印章与在银行预留签章不符的支票是空头支票

**42.** 付款人对向其提示承兑的汇票，自收到提示承兑的汇票之日起(　　)日内没有表示承兑或者拒绝承兑，视为拒绝承兑。

A. 3　　B. 5　　C. 7　　D. 10

**43.** 下列关于银行本票性质的表述中，不正确的是(　　)。

A. 银行本票的付款人见票时必须无条件付款给持票人

B. 持票人超过提示付款期限不获付款的，可向出票银行请求付款

C. 银行本票不可以背书转让

D. 注明“现金”字样的银行本票可以用于支取现金

**44.** 下列关于普通支票的使用范围的表述中，错误的是（　　）。

A. 划线普通支票只能用于支取现金

B. 普通支票既可用于转账结算，也可用于支取现金

C. 转账支票只能用于转账

D. 现金支票只能用于支取现金

**45.**（　　），是指接受汇票出票人的付款委托同意承担支付票款义务的人。

A. 被背书人　B. 背书人　C. 承兑人　D. 保证人

**46.** 信用卡每卡每日在 ATM 机累计提款不得超过（　　）元。

A. 4 000　B. 10 000　C. 20 000　D. 50 000

**47.** 根据支付结算法律制度的规定，下列票据中，必须向付款人提示承兑的是（　　）。

A. 公司取得的由其他公司签发的支票

B. 公司取得的由银行签发的银行本票

C. 公司取得的见票后定期付款的商业汇票

D. 公司取得的银行签发的银行汇票

**48.** 下列各项中不属于票据行为的是（　　）。

A. 出票人签发票据并将其交给收款人的行为

B. 票据遗失向银行挂失止付的行为

C. 票据付款人承诺在汇票到期日支付汇票金额并签章的行为

D. 票据债务人以外的人在票据上记载有关事项并签章的行为

**49.** 银行汇票的持票人超过提示付款期限提出付款的，代理付款人（银行）不予受理。该提示付款期限为自出票日起（　　）个月。

A. 1　B. 2　C. 3　D. 6

**50.** 根据支付结算法律制度的规定，下列票据当事人中，应在票据和粘单的粘接处签章的是（　　）。

A. 粘单上第一背书的背书人　B. 票据上最后一手背书的背书人

C. 票据上第一手背书的背书人　D. 粘单上第一手背书的被背书人

**51.** 根据《支付结算办法》的规定，银行汇票的提示付款期限是自出票日起（　　）个月。

A. 1　B. 2　C. 3　D. 4

**52.**《支付结算办法》对商业汇票的最长付款期限有明确的规定。该期限是（　　）个月。

A. 1　B. 3　C. 6　D. 9

**53.** 下列关于银行本票性质的表述中，不正确的是（　　）。

A. 银行本票的付款人见票时必须无条件付款给持票人

B. 持票人超过提示付款期限不获付款的，可向出票银行请求付款

C. 银行本票不可以背书转让

D. 注明“现金”字样的银行本票可以用于支取现金

## 二、多项选择题

1. 根据《票据法》的规定，票据包括(　　)。

A. 汇票　　B. 传票　　C. 本票　　D. 支票

2. 下列取得票据的情形中，持票人享有票据权利的有(　　)。

A. 李某明知赵某偷盗一张支票，仍然接受转让

B. 红星小学接受某企业捐赠款的一张支票

C. 甲公司的出纳人员因重大过失取得一张出票人签章不符合《票据法》规定的汇票

D. 睿鑫公司交付价值 2 万元货物后，接受明德公司签发的票面 2 万元的支票

3. 甲公司将一张银行承兑汇票转让给乙公司，乙公司以质押背书方式向 W 银行取得贷款。贷款到期，乙公司偿还贷款，收回汇票并转让给丙公司。票据到期后，丙公司作成委托收款背书，委托开户银行提示付款。下列背书中，属于非转让背书的有(　　)。

A. 甲公司背书给乙公司　　B. 乙公司质押背书给 W 银行

C. 乙公司背书给丙公司　　D. 丙公司委托收款背书

4. 下列各项有关汇票与支票相互区别的表述中，正确的有(　　)。

A. 汇票可以背书转让，支票不能背书转让

B. 汇票有即期汇票与远期汇票，支票则均为见票即付

C. 汇票的票据权利时效为 2 年，支票则为 6 个月

D. 汇票上的收款人名称可以经出票人授权予以补记，支票上的收款人名称，则不能补记

5. 根据《银行卡业务管理办法》的规定，发卡银行对下列银行卡账户内的存款，不计付利息的有(　　)。

A. 准贷记卡　　B. 借记卡　　C. 贷记卡　　D. 储值卡内的币值

6. 个人网上银行具体业务功能包括(　　)。

A. 账户信息查询　　B. 人民币转账业务　　C. 外汇买卖业务　　D. B2B 网上支付

7. 下列关于存款人撤销基本存款账户的表述中，正确的有(　　)。

A. 将各种重要空白结算凭证、票据和户许可证交回银行

B. 应先撤销在银行开立的一般存款账户

C. 应与开户银行核对账户存款余额

D. 应将一般存款账户、专用存款账户、临时存款账户中账户资金转入基本存款账户

8. 商业汇票持票人按期提示请求付款，被拒绝付款的，可以行使第二顺位权利追索权。根据支付结算法律制度的规定，可以追索的对象有(　　)。

A. 出票人　　B. 背书人　　C. 保证人　　D. 付款人

9. 下列各项中，属于人民币非现金支付工具有(　　)。

A. 银行卡　　B. 汇兑　　C. 信用证　　D. 委托收款

10. 根据《人民币银行结算账户管理办法》的规定，下列各项中，属于一般存款账户使用范围的有(　　)。

A. 办理借款转存　　B. 办理借款归还　　C. 办理现金支取　　D. 办理现金缴存

11. 下列关于存款人申请开立银行结算账户名称的表述中，正确的有(　　)。

A. 单位开立银行结算账户的名称应与其提供的申请开户的证明文件的名称全称一致

B. 有字号的个体工商户开立银行结算账户的名称，应与其营业执照的字号相一致
C. 无字号的个体工商户开立银行结算账户的名称，由“个体户”字样和营业执照记载的经营者姓名组成
D. 自然人开立银行结算账户的名称，应与其提供的有效身份证件中的名称全称一致

**12.** 根据《人民币银行结算账户管理办法》的规定，发生下列事由之一的，存款人应向开户银行提出撤销银行结算账户申请的有(　　)。
A. 被撤并、解散、宣告破产或关闭的
B. 注销、被吊销营业执照的
C. 单位法定代表人被撤销
D. 因迁址需要变更开户银行的

**13.** 根据《人民币银行结算账户管理办法》的规定，下列各项中，可以申请开立基本存款账户的有(　　)。
A. 机关事业单位　　B. 社会团体
C. 个体工商户　　D. 居民委员会、村民委员会、社区委员会

**14.** 根据《人民币银行结算账户管理办法》的规定，存款人申请开立基本存款账户，应向银行出具的证明文件包括(　　)。
A. 机关和实行预算管理的事业单位，应出具政府人事部门或编制委员会的批文或登记证书
B. 民办非企业组织，应出具民办非企业登记证书
C. 外国驻华机构，应出具国家登记机关颁发的登记证书
D. 独立核算的附属机构，应出具其主管部门的基本存款账户开户登记证和批文

**15.** 下列关于专用存款账户使用范围的表述中，正确的有(　　)。
A. 证券交易结算资金账户，可以支取现金
B. 单位银行卡账户的资金必须由其基本存款账户转账存入
C. 基本建设资金、更新改造资金、政策性房地产开发资金账户需要支取现金的，应在开户时报中国人民银行当地分支行批准
D. 收入汇缴账户除向其基本存款账户或预算外资金财政专用存款户划缴款项外，只收不付，不得支取现金

**16.** 根据《人民币银行结算账户管理办法》的规定，对下列资金的管理与使用，存款人可以申请开立专用存款账户的有(　　)。
A. 证券交易结算资金　　B. 粮、棉、油收购资金
C. 期货交易保证金　　D. 注册验资

**17.** 下列关于国内信用证的说法中，正确的有(　　)。
A. 我国信用证为以人民币计价、不可撤销的跟单信用证
B. 信用证只限于转账结算，不得支取现金
C. 可转让信用证只能转让一次
D. 对远期信用证而言，开证行应在收到相符单据次日起3个营业日内确认到期付款

**18.** 根据《人民币银行结算账户管理办法》的规定，下列款项可以转入个人银行结算账户的有(　　)。

A. 债券、期货、信托等投资的本金和收益
B. 证券交易结算资金和期货交易保证金
C. 农、副、矿产品销售收入
D. 保险理赔、保费退还等款项

**19.** 发卡银行追偿透支款项和诈骗款项的途径有（　　）。
A. 扣减持卡人保证金　　B. 依法处理抵押物和质物
C. 向背书人追索透支款项　　D. 通过司法机关的诉讼程序进行追偿

**20.** 根据《人民币银行结算账户管理办法》的规定，存款人有下列情形之一的，可以在异地开立有关银行结算账户的有（　　）。
A. 营业执照注册地与经营地不在同一行政区域（跨省、市、县）需要开立基本存款账户的
B. 办理异地借款和其他结算需要开立一般存款账户的
C. 存款人因附属的非独立核算单位或派出机构发生的收入汇缴或业务支出需要开立专用存款账户的
D. 异地临时经营活动需要开立临时存款账户的

**21.** 汇票到期日前，持票人可以行使追索权的情形有（　　）。
A. 付款人死亡的　　B. 汇票被拒绝承兑的
C. 保证人被依法宣告破产的　　D. 承兑人因违法被责令终止业务活动的

**22.** 持票人长江公司在甲银行办理商业汇票贴现必须具备的条件有（　　）。
A. 该汇票未到期
B. 长江公司在甲银行开立了存款账户
C. 长江公司与出票人或者直接前手之间具有真实的商品交易关系
D. 该汇票未记载“不得转让”事项

**23.** 下列关于单位人民币卡结算使用的表述中，不符合法律规定的有（　　）。
A. 单位人民币卡账户的资金可以与其他存款账户自由转账
B. 单位人民币卡账户销户时，其资金余额可以提取现金
C. 用单位人民币卡办理商品和劳务结算时，可以透支结算
D. 不得将销货收入直接存入单位人民币卡账户

**24.** 个人银行卡持卡人需要向其账户续存资金的，只限于其（　　）。
A. 持有的现金　　B. 工资性款项的转账
C. 劳务报酬收入的转账　　D. 经营性收入的转账

**25.** 下列有关银行账户的表述中，正确的有（　　）。
A. 一个单位只能在一家银行开立一个基本存款账户
B. 一个单位可以在多家银行开立多个专用存款账户
C. 现金缴存可以通过一般存款账户办理
D. 现金支取不能通过一般存款账户办理

**26.** 根据《票据法》规定，下列各项中，属于票据行为的有（　　）。
A. 出票　　B. 背书　　C. 承兑　　D. 保证

**27.** 根据支付结算办法的规定，下列各项中，符合支付结算基本要求的有（　　）。

A. 单位、个人和银行办理支付结算，必须使用按中国人民银行统一规定印制的票据和结算凭证

B. 单位、个人和银行应当按照《人民币银行结算账户管理办法》的规定开立、使用账户

C. 票据和结算凭证上的签章和其他记载事项应当真实，不得伪造，变造

D. 填写票据和结算凭证应当规范，做到要素齐全、数字正确，字迹清晰、不错不漏、不潦草、防止涂改

**28.** 根据《票据法》的规定，下列各项中，属于票据丧失后可以采取的补救措施有（　　）。

A. 挂失止付　　B. 公示催告　　C. 普通诉讼　　D. 仲裁

**29.** 下列票据中，在丧失后可以挂失止付的有（　　）。

A. 银行承兑汇票　　B. 支票

C. 商业承兑汇票　　D. 未填明“现金”字样的银行本票

**30.** 下列各项中，属于银行汇票相对记载事项的有（　　）。

A. 付款日期　　B. 付款地　　C. 出票地　　D. 出票人签章

**31.** 甲公司将取得的商业汇票背书转让给乙公司，但未记载背书日期。关于甲公司未记载背书日期行为效力的下列表述中，正确的有（　　）。

A. 该背书无效　　B. 该背书有效

C. 该票据无效　　D. 视为到期日前背书

**32.** 下列各项中，属于办理支付结算主体的有（　　）。

A. 银行业金融机构　B. 个人　　C. 单位　　D. 个体工商户

**33.** 个人银行账户的开户方式包括（　　）。

A. 柜面开户　　B. 自助机具开户　C. 电子渠道开户　D. 电话开户

**34.** 下列关于票据签章的表述中，正确的有（　　）。

A. 票据和结算凭证上的签章，为签名、盖章或者签名加盖章

B. 单位、银行在票据上的签章和单位在结算凭证上的签章，为该单位、银行的盖章加其法定代表人或其授权的代理人的签名或盖章

C. 个人在票据和结算凭证上的签章，为个人本名的签名或盖章

D. 票据签章是票据行为生效的重要条件，也是票据行为表现形式中必须记载的事项

**35.** 根据票据法律制度的规定，下列有关在票据上签章效力的表述中，不正确的有（　　）。

A. 出票人在票据上签章不符合规定的，票据无效

B. 承兑人在票据上签章不符合规定的，其签章无效，但影响其他符合规定签章的效力

C. 保证人在票据上签章不符合规定的，其签章无效，但不影响其他符合规定签章的效力

D. 背书人在票据上签章不符合规定的，其签章无效，但影响其前手符合规定签章的效力

**36.** 根据《票据法》的规定，票据背书的必须记载事项有（　　）。

A. 背书的日期　　B. 被背书人签章　C. 背书人签章　　D. 背书的原因

**37.** 下列有关银行汇票的表述中，正确的有（　　）。

A. 填明“现金”字样的银行汇票可以提取现金

B. 填明“现金”字样和代理付款人的银行汇票可以挂失止付

C. 填明“现金”字样的银行汇票可以背书转让

D. 填明“现金”字样的银行汇票不可以背书转让

**38.** 根据支付结算法律制度的规定，下列选项中，属于变造票据的有（　　）。

A. 变更票据金额　　B. 变更票据上的到期日

C. 变更票据上的签章　　D. 变更票据上的付款日

**39.** 根据《支付结算办法》的规定，当事人签发委托收款凭证时，下列选项中，属于必须记载的事项有（　　）。

A. 确定的金额和付款人名称

B. 委托收款凭据名称及附寄单证张数

C. 收款人名称和收款人签章

D. 收款日期

**40.** 下列各项中，属于违反支付结算规定的行为有（　　）。

A. 企业法人内部独立核算的单位以其名义在银行开立基本存款账户

B. 单位签发没有真实债权债务关系的商业承兑汇票

C. 银行办理空头汇款

D. 单位签发没有资金保证的支票

**41.** 根据支付结算法律制度的规定，下列票据中，允许个人使用的有（　　）。

A. 支票　　B. 银行承兑汇票　　C. 银行本票　　D. 银行汇票

**42.** 下列关于单位人民币卡结算使用的表述中，不符合法律规定的有（　　）。

A. 单位人民币卡账户的资金可以与其他存款账户自由转账

B. 单位人民币卡账户销户时，其资金余额可以提取现金

C. 用单位人民币卡办理商品和劳务结算时，可以透支结算

D. 不得将销货收入直接存入单位人民币卡账户

**43.** 根据支付结算法律制度的规定，下列各项中，属于无效票据的有（　　）。

A. 更改出票金额的票据　　B. 更改出票日期的票据

C. 更改收款人名称的票据　　D. 金额中文大写与数码记载不一致的票据

**44.** 根据票据法律制度的规定，下列各背书情形中，属于背书无效的有（　　）。

A. 将汇票金额全部转让给甲某

B. 将汇票金额的一半转让给甲某

C. 将汇票金额分别转让给甲某和乙某

D. 将汇票全额转让给甲某但要求甲某不得对背书人行使追索权

**45.** 下列关于票据特征的表述中，正确的有（　　）。

A. 票据所表示的权利与票据不可分离

B. 票据出票人作出的付款承诺是无条件的

C. 票据是一种有价证券，具有一定的票面金额

D. 票据是出票人作出的到期向持票人支付一定金额的承诺

**46.** 关于票据追索的下列说法中，正确的有（　　）。

A. 票据追索只能要求偿还票据金额

B. 持票人不能出示拒绝证明、退票理由书或者未按照规定期限提供其他合法证明的，

丧失对其前手的追索权

C. 票据的出票人、背书人、承兑人和保证人对持票人承担连带责任，都有可能成为追索对象

D. 发出追索通知没有时间要求

**47.** 根据票据法律制度的规定，下列各项中，属于票据基本当事人的有（　　）。

A. 出票人　　B. 收款人　　C. 付款人　　D. 保证人

**48.** 下列各项中，属于票据功能的有（　　）。

A. 支付功能　　B. 汇兑功能　　C. 融资功能　　D. 担保功能

**49.** 下列关于银行卡的表述中，符合规定的有（　　）。

A. 单位卡可以存入现金

B. 单位人民币卡账户的资金一律从其基本存款账户转账存入

C. 银行卡按发行对象不同分为单位卡和个人卡

D. 单位人民币卡可以透支

**50.** 根据我国有关规定，信用卡持卡人有（　　）行为之一的，可以追究刑事责任。

A. 恶意透支　　B. 骗领、冒用信用卡的

C. 伪造、变造银行卡　　D. 利用银行卡及其机具欺诈银行资金

**51.** 根据支付结算法律制度的规定，关于票据保证的下列表述中，正确的有（　　）。

A. 票据上未记载保证日期的，被保证人的背书日期为保证日期

B. 保证人未在票据或粘单上记载被保证人名称的已承兑票据，承兑人为被保证人

C. 保证人为两人以上的，保证人之间承担连带责任

D. 保证人清偿票据债务后，可以对被保证人及其前手行使追索权

**52.** 下列关于商业汇票提示承兑期限的表述中，符合法律规定的有（　　）。

A. 商业汇票的提示承兑期限，为自汇票到期日起 10 日内

B. 定日付款的商业汇票，持票人应该在汇票到期日前提示承兑

C. 出票后定期付款的商业汇票，提示承兑期限为自出票日起 1 个月内

D. 见票后定期付款的商业汇票，持票人应该自出票日起 1 个月内提示承兑

**53.** 根据支付结算法律制度的规定，下列关于预付卡办理的说法中，错误的有（　　）。

A. 单位或个人购买预付卡，一律应当采用实名制

B. 个人可以使用信用卡购买预付卡

C. 单位一次性购买预付卡 5 000 元以上，不得使用现金

D. 代理他人购买预付卡的，发卡机构应当留存代理人和被代理人的有效身份证件的复印件或影印件

**54.** 下列预付卡的购买和充值办理，可以使用现金的有（　　）。

A. 其公司一次性购买预付卡 6 000 元

B. 小张为其预付卡充值 3 000 元

C. 某公司为其记名预付卡充值 3 000 元

D. 小李为其预付卡充值 4 000 元

**55.** 根据支付结算法律制度的规定，下列关于预付卡的有关论述中，不正确的有（　　）。

A. 记名预付卡的有效期不得低于 3 年

B. 不记名预付卡的资金限额不得超过 1 000 元

C. 预付卡可以透支

D. 超过有效期尚有资金余额的预付卡,此卡废止

**56.** 下列项目中可以通过Ⅰ类账户办理的业务有(　　)。

A. 存款　　B. 购买投资理财产品

C. 转账和支取现金　　D. 消费和缴费支付

**57.** 银行结算账户的变更主要包括(　　)的变更。

A. 存款人名称　B. 单位法定代表人　C. 单位主要负责人　D. 住址

**58.** 下列存款人中,可以申请开立基本存款账户的有(　　)。

A. 企业法人　　B. 单位附属独立核算的食堂

C. 个体工商户　　D. 自然人

**59.** 一般存款账户的使用范围包括办理(　　)。

A. 借款转存　B. 借款归还　C. 现金缴存　D. 现金支取

**60.** 下列说法中,符合法律规定的有(　　)。

A. 个人存款账户可以出租、出借

B. 临时存款账户的有效期限最长不得超过 2 年

C. 一个基层预算单位开设一个零余额账户

D. 一般存款账户可以用于支取现金

三、判断题

**1.** 开户申请人通过网上银行和手机银行等电子渠道受理银行账户开户申请的,银行可为开户申请人开立Ⅰ类账户。(　　)

**2.** 为了便于结算,一个单位可能同时在多家金融机构开立银行基本存款账户。(　　)

**3.** 委托收款是收款人委托银行向付款人收取款项的一种结算方式,只能在同城使用。(　　)

**4.** 支票上的收款人名称不得更改,更改的支票无效。(　　)

**5.** 年满 16 周岁的个人可以有条件申请贷记卡。(　　)

**6.** 企业申请电子银行承兑汇票贴现的,应向金融机构提供合同、发票等资料。(　　)

**7.** 开立信用证可以采用信开和电开方式,且应使用中英文双语开立。(　　)

**8.** 开户许可证是中国人民银行依法准予申请人在银行开立备案类银行结算账户的行政许可证件。(　　)

**9.** 对信用卡透支利率实行上限和下限管理,透支利率上限为日利率万分之五,下限为日利率万分之五的 0.8 倍。(　　)

**10.** 保证是指票据债务人为担保特定债务人履行票据债务而在票据上记载有关事项并签章的行为。(　　)

**11.** 在银行开立存款账户的法人以及其他组织之间,必须具有真实的交易关系或债权关系,才能使用商业汇票。(　　)

**12.** 背书人甲将一张汇票背书转让给乙,并注明"乙不得对甲行使追索权",该背书无效。(　　)

13. 银行承兑汇票的出票人于汇票到期日未能足额交存票款的，承兑银行可以向持票人拒绝付款。（ ）
14. 票据当事人提示付款遭到拒绝或有其他法定原因存在时，向其前手请求偿还票据金额及其他法定费用的权利是付款请求权。（ ）
15. 法人和其他单位在票据和结算凭证上的签章，为该法人或单位的公章或财务专用章，加上其法定代表人或者其授权的代理人的签名或盖章。（ ）
16. 注明“现金”字样的银行本票不得背书转让。（ ）
17. 票据和结算凭证的金额，出票或者签发日期、收款人名称不得更改，更改的票据无效，更改的结算凭证，银行不予受理。（ ）
18. 根据《支付结算办法》的规定，未使用按中国人民银行统一规定印制的票据，票据无效，未使用中国人民银行统一规定格式的结算凭证，银行不予受理。（ ）
19. 单位的工资、奖金等现金的支取可以通过一般存款账户办理。（ ）
20. 持票人未按照规定期限提示付款的，付款人的票据责任解除。（ ）
21. 票据结算包括银行本票、汇兑和支票三种结算方式。（ ）
22. 银行汇票可以用于转账，也可以用于支取现金。（ ）
23. 挂失止付不是票据丧失后采取的必经措施，是一种暂时的预防措施，最终要申请公示催告或提起普通诉讼。（ ）
24. 出票人在填制票据时，必须以中文和阿拉伯数字同时记载票据金额，二者不一致时，以中文记载金额为准。（ ）
25. 企业法人的内部单位均不得申请开立基本存款账户。（ ）
26. 现金支票可用于支取现金，也可进行转账；转账支票只能用于转账；普通支票可以用于支取现金，也可以用于转账。（ ）
27. 商业承兑汇票既可以由付款人签发，也可以由收款人签发，但银行承兑汇票只能由付款人签发。（ ）
28. 根据《支付结算办法》的规定，未经中国人民银行批准的非银行金融机构和其他单位不得作为中介机构经营支付结算业务。（ ）
29. 根据规定，银行可以为任何单位或者人查询账户情况，但不得为任何单位或者个人冻结、扣划款项，不得停止单位、个人存款的正常支付。（ ）
30. 持有单位卡的信用卡用户不能向单位卡账户交存现金，但可以从单位卡账户中支取现金。（ ）
31. 出票、背书和承兑是各种票据共有的票据行为。（ ）
32. 票据背书附有条件的，所附条件不具有票据上的效力。（ ）
33. 变更票据上的金额的，属于票据的伪造，不属于票据的变造。（ ）
34. 信用证付款期限最长不超过 2 年。（ ）
35. 预付卡具有透支功能，可以通过信用卡对其进行充值。（ ）
36. 信用卡持卡人通过 ATM 等自助机具办理现金提取业务，每卡每日累计不得超过人民币 2 000 元。（ ）
37. 发卡机构对向持卡人收取的违约金和年费、取现手续费、货币兑换费等服务费用不得计收利息。（ ）

38. 可转让信用证只能转让一次。（ ）
39. 信用证未明示可议付，任何银行不得办理议付。（ ）
40. 信用证到期不获付款时，议付行享有向受益人追索的权利，受益人应无条件付款。（ ）
41. 开证行、保兑行、议付行未在信用证有效期内收到单据的，开证行可在信用证逾有效期一个月后予以注销。（ ）

## 四、不定项选择题

1. 2021年4月6日，甲公司为履行与乙公司的买卖合同，签发一张由本公司承兑的商业汇票交付乙公司，汇票收款人为乙公司，到期日为10月6日。4月14日，乙公司将该汇票背书转让给丙公司，9月8日，丙公司持该汇票向其开户银行Q银行办理贴现，该汇票到期后，Q银行向异地的甲公司开户银行P银行发出委托收款，P银行于收到委托收款的次日通知甲公司付款，甲公司以乙公司一直未发货为由拒绝付款。

要求：根据上述资料，分析回答下列问题。

(1) 该汇票的付款人是（ ）。

A. 甲公司 B. 乙公司 C. P银行 D. Q银行

(2) 下列各项中，属于转让背书行为的是（ ）。

A. 甲公司将汇票交付乙公司

B. 乙公司将汇票转让给丙公司

C. 丙公司持汇票向Q银行办理贴现

D. 汇票到Q银行办理委托收款

(3) 下列当事人中，属于该汇票债务人的是（ ）。

A. 甲公司 B. 乙公司 C. 丙公司 D. P银行

(4) Q银行为丙公司办理该汇票贴现时，计算贴现利息的贴现天数是（ ）天。

A. 28 B. 29 C. 30 D. 31

(5) 关于该汇票付款责任的下列判断中，正确的是（ ）。

A. 乙公司未发货，甲公司可以拒绝付款

B. 乙公司应当对Q银行承担第一付款责任

C. Q银行是善意持票人，甲公司不得拒绝付款

D. Q银行遭拒付后，可从丙公司的存款账户直接收取票款

2. 2021年5月10日，甲公司向乙公司签发一张金额为50万元、出票后1个月付款的银行承兑汇票，经其开户银行P银行承兑后交付乙公司。5月15日，乙公司将该票据背书转让给丙公司。5月20日，丙公司将该票据背书转让给丁公司，在票据上记载“不得转让”字样；5月25日，丁公司在票据上记载“只有戊公司交货后，该背书转让方发生效力”的字样，将该票据背书转让给戊公司。6月12日，戊公司向P银行提示付款时，P银行以甲公司存款不足为由拒绝付款。

要求：根据上述资料，不考虑其他因素，分析回答下列问题。

(1) 关于该票据当事人的下列表述中，正确的是（ ）。

A. 甲公司为出票人 B. 乙公司为收款人

C. 戊公司为最后一手背书的被背书人　　D. P银行为付款人

(2) 下列票据当事人中，丙公司应对其承担保证付款责任的是(　　)。

A. 丁公司　　B. 甲公司　　C. P银行　　D. 戊公司

(3) 关于丁公司附条件背书在票据上效力的下列表述中，正确的是(　　)。

A. 所附条件无效，该票据无效　　B. 所附条件有效，该背书有效

C. 所附条件无效，该背书有效　　D. 所附条件有效，该票据有效

(4) 关于该汇票付款的下列表述中，正确的是(　　)。

A. P银行应于6月12日足额支付

B. P银行对甲公司尚未支付的汇票金额按照日利率万分之五计收利息

C. P银行有权以甲公司存款不足为由拒绝付款

D. 甲公司应于6月10日前将票据款足额交付P银行

**3.** 甲公司成立于2021年5月18日，法定代表人为王某。6月5日，甲公司财务人员李某持有关资料到Q银行开立基本存款账户。8月6日，甲公司从乙公司购进一批价值234万元的货物，采用支票方式付款。9月12日，甲公司向P银行申请贷款，P银行审查符合贷款条件后向其发放贷款200万元。

要求：根据上述资料，分析回答下列问题。

(1) 甲公司在Q银行开立基本存款账户予以核准的机构是(　　)。

A. Q银行

B. 当地银行业协会

C. 中国银行监督管理委员会当地分支机构

D. 中国人民银行当地分支机构

(2) 甲公司向乙公司签发支票，其在支票上的签章是(　　)。

A. 甲公司的财务专用章加王某的签名或盖章

B. 甲公司的业务专用章加王某的签名或盖章

C. 甲公司的财务专用章加李某的签名或盖章

D. 甲公司的业务专用章加李某的签名或盖章

(3) 下列各项中，属于甲公司向乙公司签发支票时必须记载的事项是(　　)。

A. 收款人乙公司　　B. 付款人Q银行

C. 支票金额234万元　　D. 出票人甲公司签章

(4) 甲公司从P银行贷款时开立的银行结算账户属于(　　)。

A. 基本存款账户　　B. 一般存款账户　　C. 专用存款账户　　D. 8临时存款账户

**4.** 甲公司向乙公司购买货物，于2021年5月20日签发一张转账支票给乙公司用于支付货款。甲公司出票时，在金额栏内填写“不大于5 000元”，并且该支票上未记载收款人名称，约定由乙公司自行填写。

乙公司派人取支票时，提出金额的填写不符合法律规定，甲公司当即重新签发了一张支票。乙公司取得支票后，在支票收款人处填写上本公司名称，并于5月22日将该支票背书转让给丙公司。

丙公司于6月5日向付款银行提示付款。甲公司在付款银行的存款足以支付支票金额，但银行仍然拒绝向丙公司付款。

要求：根据上述资料，分析回答下列问题。

（1）关于付款银行能否拒绝向丙公司付款的问题，下列说法正确的是（　　）。

A. 支票的提示付款期限自出票日起 10 日

B. 甲公司签发的支票不能向付款银行支取现金

C. 支票的提示付款期限自到期日起 10 日

D. 付款银行可以拒绝向丙公司付款

（2）下列关于甲公司第一次出票时记载金额的说法中，正确的是（　　）。

A. 由于支票的金额可以授权补记，因此甲公司对该金额的记载是正确的

B. 签发支票必须记载事项之一是“确定的金额”，甲公司该记载方式不正确

C. 确定的金额是相对必要记载事项，因此甲公司对该金额的记载是错误的

D. 签发支票必须记载事项之一是“金额”，该金额可以是确定的，也可以是不确定的，因此甲公司的记载方式正确

（3）关于甲公司签发的未记载收款人名称支票的有效性，下列说法正确的是（　　）。

A. 收款人名称和金额都是可以授权补记的事项

B. 甲公司签发的未记载收款人名称的支票无效

C. 甲公司签发的未记载收款人名称的支票有效

D. 乙公司在提示付款时补记的，该支票可以得到付款

（4）下列关于普通支票的使用范围的表述中，错误的是（　　）。

A. 划线普通支票只能用于支取现金

B. 普通支票既可用于转账结算，也可用于支取现金

C. 转账支票只能用于转账

D. 现金支票只能用于支取现金

# 第四章　增值税、消费税法律制度

## 本章知识框架

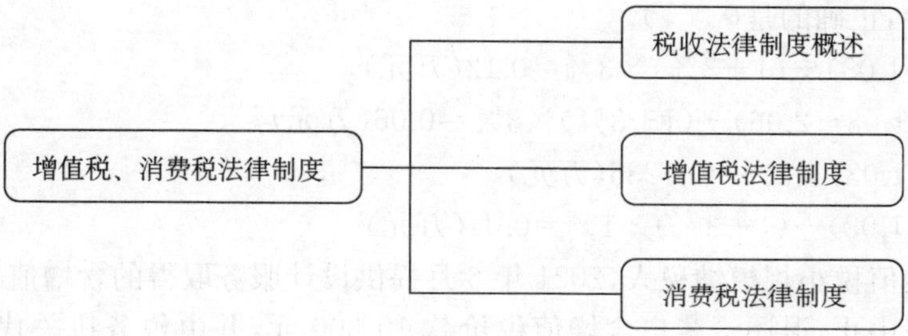


## 本章强化训练

### 一、单项选择题

**1.** 甲酒厂为增值税一般纳税人，2020 年 8 月销售果木酒，取得不含增值税销售额 10 万元，同时收取包装费 0.565 万元，优质费 2.26 万元。已知果木酒消费税税率为 10%，增值税税率 13%，下列计算甲酒厂当月销售果木酒应缴纳的消费税税额的算式中，正确的是(　　)。

A. (10＋0.565＋2.26)×10%＝1.28(万元)

B. (10＋0.565)×10%＝1.060(万元)

C. [10＋(0.565＋2.26)＋(1＋13%)]×10%＝1.25(万元)

D. [10＋0.565＋(1＋13%)]×10%＝1.05(万元)

**2.** 某增值税一般纳税人提供咨询服务，取得含税收入 318 万元，取得奖金 5.3 万元，咨询服务适用的增值税税率为 6%，其间发生交通费用 1.2 万元，已取得注明旅客信息的航空运输电子客票行程单。根据增值税法律制度的规定，该业务应计算的增值税税额为(　　)万元。

A. 18.2　　B. 18.3　　C. 18.318　　D. 19.08

**3.** 根据增值税法律制度的规定，选择差额计税的旅游公司发生的下列支出中，在确定增值税销售额时可以扣除的是(　　)。

A. 支付的办公室租金　　B. 替旅游者支付的酒店住宿费

C. 支付的导游工资　　D. 支付的广告制作费

**4.** 甲公司为增值税一般纳税人，2021 年 10 月从国外进口一批设备，海关核定的关税完税价格为116万元，缴纳关税11.6万元。已知增值税税率为13%，下列计算甲公司该笔业务应缴纳增值税税额的算式中，正确的是（　　）。

A. 116×13%=15.08（万元）

B. （116+11.6）×13%=16.588（万元）

C. 116÷（1+13%）×13%=13.35（万元）

D. （116+11.6）÷（1+13%）×13%=14.68（万元）

**5.** 某企业为位于江苏省南京市从事商业咨询服务的增值税小规模纳税人，2021年10月向一般纳税人提供资讯信息服务，取得含税销售额3.09万元；向某小规模纳税人提供注册信息服务，取得含税销售额1.03万元；当月购进办公用品，支付价款2.06万元，取得增值税普通发票。已知增值税税率为13%，征收率为3%，下列计算当月应缴纳增值税税额的算式中，正确的是（　　）。

A. （3.09+1.03）÷（1+3%）×3%=0.12（万元）

B. （3.09+1.03−2.06）÷（1+3%）×3%=0.06（万元）

C. （3.09+1.03）×3%=0.1236（万元）

D. （3.09+1.03）÷（1+3%）×1%=0.04（万元）

**6.** 甲公司为增值税小规模纳税人，2021年6月提供设计服务取得的含增值税价款206 000元。因服务中止，退还给客户含增值税价款10 300元，并由税务机关代开红字专用发票。已知小规模纳税人增值税征收率为3%，根据增值税法律制度的规定，甲公司当月应缴纳的增值税税额为（　　）元。

A. 6 000　　B. 6 180　　C. 5 700　　D. 5 871

**7.** 根据增值税法律制度，下列各项中，不属于免税项目的是（　　）。

A. 养老机构提供的养老服务　　B. 装修公司提供的装饰服务

C. 婚介所提供的婚姻介绍服务　　D. 托儿所提供的保育服务

**8.** 某电脑股份有限公司是位于江西省的增值税一般纳税人。2021年9月销售给某商场100台电脑，不含税单价为4 300元/台，已开具税控专用发票。双方议定送货上门，另收取商场运费1 500元（不含税），开具普通发票。该电脑股份有限公司该笔业务的销项税额为（　　）元。

A. 56 035　　B. 68 800　　C. 68 750　　D. 68 320

**9.** 某生产企业是位于江西省的增值税小规模纳税人，2021年10月对部分资产盘点后进行处理，销售边角废料由税务机关代开增值税专用发票，取得含税收入81 600元；销售使用过的小汽车1辆取得含税收入71 400元，原值为140 000元。该企业上述业务应缴纳增值税（　　）元。

A. 2 400　　B. 3 763.11　　C. 1 485.44　　D. 4 500

**10.** 2021年8月，一位客户向某汽车制造厂（增值税一般纳税人）订购自用汽车1辆，支付货款（含税）248 400元，另付设计、改装费30 000元。该辆汽车计征消费税的销售额为（　　）元。

A. 214 359.55　　B. 246 371.68　　C. 250 800.25　　D. 280 800.11

**11.** 某外贸公司2021年7月从某地板生产企业购进实木地板50箱用于出口。取得生产企业开具的专用发票，注明共计支付的价税合计金额118.72万元，支付购买实木地板的运输费用1.2万元，该批实木地板出口销售时取得金额220.6万元。实木地板生产企业适用的增值税税率为13%，消费税税率为5%，外贸公司出口该批实木地板应退的消费税是(　　)万元。

A. 3.6　　B. 5.12　　C. 4.87　　D. 5.31

**12.** 2021年3月，某酒厂将自产的一种新型粮食白酒5吨用作职工福利，粮食白酒的成本共计8 000元，该粮食白酒无同类产品市场销售价格，但已知其成本利润率为10%，计算该批粮食白酒应缴纳的消费税税额为(　　)元。

A. 7 200　　B. 4 290　　C. 8 450　　D. 3 450

**13.** 下列关于出租出借包装物押金的处理，正确的是(　　)。

A. 纳税人为销售货物而出租出借包装物收取的押金，单独记账核算的，一律不并入销售额征税

B. 对逾期超过一年的包装物押金，无论是否退还，都要并入销售额征税

C. 个别包装物周转使用期限较长的，报经税务征收机关批准后可适当放宽逾期期限

D. 对销售酒类产品收取的包装物押金，无论是否返还以及会计上如何核算，均应并入当期销售额征税

**14.** 下列项目中，应征收消费税的是(　　)。

A. 啤酒屋销售自制啤酒

B. 日杂商店出售的鞭炮、焰火

C. 企业购进货车

D. 销售使用过的小轿车

**15.** 下列行为不属于增值税视同销售行为的是(　　)。

A. 将外购货物分配给投资者　　B. 将外购货物赠送给其他单位

C. 将外购货物用于个人消费　　D. 将外购货物用于对外投资

**16.** 甲首饰店是增值税一般纳税人，2020年8月采取以旧换新方式销售纯金项链10条，每条新项链的不含税售价为4 000元，收购的旧项链每条不含税售价为1 000元。已知金项链增值税税率为13%，这家首饰店当月该笔业务增值税销项税额为(　　)元。

A. 6 400　　B. 8 000　　C. 3 900　　D. 1 600

**17.** 某家电销售企业为增值税一般纳税人，2020年10月销售A型空调80台，每台含税价款为2 585元，采取以旧换新方式销售同型号空调20台，每台旧空调作价580元，实际每台收取价款2 000元。已知空调的增值税税率为13%，则该企业当月上述业务增值税销项税额为(　　)元。

A. 33 731.03　　B. 29 738.94　　C. 44 928　　D. 46 800

**18.** 甲企业为增值税一般纳税人，主要从事小汽车的制造和销售业务，将自产的20辆新型小汽车对外投资，市场上没有同类小汽车的销售价格，已知小汽车生产成本为10万元/辆，小汽车的增值税税率为13%，消费税税率为5%，成本利润率为9%，则甲企业对外投资行为应缴纳的增值税销项税额为(　　)万元。

A. 29.83　　B. 32　　C. 35　　D. 33.68

**19.** 按照规定不得抵扣进项税额的不动产，发生用途改变，用于允许抵扣进项税额项目的，按照相关公式在改变用途的(　　)计算可抵扣进项税额。

A. 当月　　B. 次月　　C. 第一年　　D. 第二年

**20.** 增值税一般纳税人的下列行为中，涉及的进项税额不得从销项税额中抵扣的是(　　)。

A. 将外购的货物用于抵偿债务　　B. 将外购的货物用于个人交际应酬

C. 将外购的货物无偿赠送给外单位　　D. 将外购的货物对外投资

**21.** 一般纳税人从农业生产者手中购进免税农产品用于生产豆油出售(适用增值税税率13%)，收购凭证上注明是40 000元，应确认的进项税额是(　　)元。

A. 6 760　　B. 4 000　　C. 6 500　　D. 4 400

**22.** 下列项目所包含的进项税额中，不得从销项税额中抵扣的是(　　)。

A. 生产过程中出现的报废产品

B. 用于返修产品修理的易损零配件

C. 生产企业用于经营管理的办公用品

D. 生产企业非正常损失的购进货物

**23.** 根据消费税法律制度的规定，下列各项中，不缴纳消费税的是(　　)。

A. 零售超豪华小汽车　　B. 进口钻石饰品

C. 生产销售白酒　　D. 委托加工烟丝

**24.** 根据消费税法律制度，下列各项中，不征收消费税的是(　　)。

A. 将自产白酒赠送给合伙企业　　B. 将自产卷烟发放给员工当福利

C. 零售金银首饰　　D. 零售高档化妆品

**25.** 某生产企业为增值税小规模纳税人，销售使用过的小汽车1辆，取得含税收入51 000元，原值为141 000元。该企业上述业务应缴纳的增值税为(　　)元。

A. 495.15　　B. 2 040　　C. 3 800　　D. 990.29

**26.** 某家具厂为增值税一般纳税人，2020年5月销售货物30 000元(不含税)，则该家具厂的增值税销项税额为(　　)元。

A. 3 900　　B. 5 270　　C. 5 245.30　　D. 5 621.36

**27.** 某从事商品零售的小规模纳税人，2020年9月销售商品取得含税收入10 300元，当月该企业应纳的增值税是(　　)元。

A. 496.58　　B. 0　　C. 309　　D. 300

**28.** 某食品加工企业为小规模纳税人，2020年5月取得销售收入32 960元；直接从农户购入农产品，开具的销售发票上注明价款为640元，该企业当月应缴纳的增值税税额为(　　)元。

A. 480　　B. 320　　C. 872.6　　D. 960

**29.** 甲酒店为增值税一般纳税人，2020年10月，甲酒店提供住宿服务取得含税销售额53万元，出租上月购进的一处房产，取得不含税租金10万元。已知不动产租赁服务适用9%的税率，住宿服务适用6%的税率，甲酒店当月的销项税额为(　　)万元。

A. 3.9　　B. 6.3　　C. 6　　D. 3.6

**30.** 根据增值税法律制度的规定，下列情况中，外购货物发生的进项税额准予抵扣的是(　　)。

A. 将外购货物用于免征增值税项目　　B. 将外购货物用于个人消费

C. 将外购货物用于集体福利　　D. 将外购货物用于对外捐赠

**31.** 甲公司为增值税一般纳税人，2020 年 12 月购进下列货物取得的增值税专用发票上注明的税额，准予从销项税额中抵扣的是(　　)。

A. 用于个人交际应酬而购进的酒类产品

B. 用于应税项目生产而购进的动力燃料

C. 为本公司职工健身之用而购进的健身器材

D. 为对外提供农业排灌而购进的排灌设备

**32.** 某食品厂为增值税一般纳税人，6 月从小规模纳税人(该纳税人适用 3%的征收率)处购进免税农产品的收购凭证上注明收购价为 20 000 元，支付运输公司运费 6 000 元，并取得了运输公司开具的专用发票。根据规定，该食品厂准予抵扣的进项税额为(　　)元。

A. 2 420　　B. 2 340　　C. 2 295.41　　D. 3 062

**33.** 某企业为增值税一般纳税人，8 月初，外购货物一批，支付增值税进项税额 18 万元，8 月下旬，因管理不善，造成 8 月初购进的该批货物一部分发生霉烂变质，经核实造成 1/3 的损失。该企业 8 月可以抵扣的进项税额为(　　)万元。

A. 0　　B. 6　　C. 12　　D. 18

**34.** 根据增值税法律制度的规定，下列各项中，免征增值税的是(　　)。

A. 农业生产者销售外购农产品　　B. 销售避孕药品

C. 企业销售使用过的机器设备　　D. 外国企业无偿援助的进口物资

**35.** 根据消费税法律制度的规定，下列各项中，不属于消费税纳税义务人的是(　　)。

A. 进口小汽车的外贸企业　　B. 受托加工卷烟的企业

C. 零售金银首饰的商场　　D. 生产销售高档化妆品的生产企业

**36.** 某企业为增值税一般纳税人 2020 年 10 月销售自产电视机 10 台，开具增值税专用发票注明价款 30 000 元，另外取得延期付款利息 2 260 元，已知电视机增值税税率为 13%，则该企业当月的销项税额为(　　)元。

A. 4 800　　B. 0　　C. 4 160　　D. 5 174.4

**37.** 甲厂为增值税一般纳税人，2020 年 10 月将 1 000 件衬衣销售给乙商场，含税单价为 113 元/件；由于乙商场购进的数量较多，甲厂决定给予 8 折优惠，开票时将销售额和折扣额在同一张发票上的"金额"栏分别注明，已知衬衣增值税税率为 13%。根据增值税法律制度的规定，甲厂该笔业务的增值税销项税额应为(　　)元。

A. 18 560　　B. 16 000　　C. 14 848　　D. 10 400

**38.** 某白酒生产企业为增值税一般纳税人，2020 年 10 月销售白酒取得不含税销售收入 80 万元，收取包装物押金 2.26 万元。当月没收 3 个月前收取的逾期未退还包装物的押金 5.4 万元，已知白酒增值税税率为 13%。则该白酒生产企业 2020 年 10 月的增值税销项税额为(　　)万元。

A. 13.87　　B. 10.66　　C. 13.54　　D. 12.8

**39.** 下列各项中不符合有关增值税纳税地点规定的是(　　)。

A. 进口货物应当由进口人或其代理人向报关地海关申报纳税

B. 非固定业户销售货物或者提供应税劳务应当向销售地或劳务发生地主管税务机关申报纳税

C. 非固定业户销售货物应向其机构所在地缴纳税款

D. 固定业户到外县市销售货物未向销售地主管税务机关申报纳税的由其机构所在地主管税务机关补征税款

**40.** 根据《增值税暂行条例》的规定，采取预收货款方式销售货物，增值税纳税义务的发生时间是(　　)。

A. 销售方收到第一笔货款的当天　　B. 销售方收到剩余货款的当天

C. 销售方发出货物的当天　　D. 购买方收到货物的当天

**41.** 企业发生的下列行为中，按规定允许开具增值税专用发票的是(　　)。

A. 商业企业零售烟酒　　B. 小规模纳税人销售货物

C. 销售免税的货物　　D. 服装厂向商场销售服装

**42.** 根据消费税法律制度的规定，下列车辆属于应税小汽车征税范围的是(　　)。

A. 电动汽车

B. 高尔夫车

C. 用中型车商用客车底盘改装的中轻型商用客车

D. 雪地车

**43.** 根据消费税法律制度的规定，下列各项中，属于消费税征税范围的是(　　)。

A. 中轻型商用客车　　B. 大型商用客车

C. 货车　　D. 拖拉机

**44.** 根据增值税法律制度的规定，下列各项中，属于增值税视同销售行为的是(　　)。

A. 将购进的货物用于集体福利　　B. 将购进的货物用于个人消费

C. 将购进的货物用于在建职工食堂　　D. 将购进的货物用于对外投资

**45.** 某企业为增值税小规模纳税人，2020 年 10 月销售自产货物取得含税收入 10 300 元。销售自己使用过 2 年的设备一台，取得含税收入 80 000 元，当月购入货物取得的增值税专用发票上注明金额 8 000 元，增值税税额 1 040 元，已知小规模纳税人征收率为 3%。则当月该企业应缴纳增值税(　　)元。

A. 573.4　　B. 1 350.1　　C. 4 553.4　　D. 1 853.4

**46.** 下列各项中，应征收消费税的是(　　)。

A. 超市零售白酒　　B. 汽车厂销售自产电动汽车

C. 地板厂销售自产实木地板　　D. 百货公司零售高档化妆品

**47.** 根据增值税法律制度的规定，下列关于小规模纳税人征税规定的表述中，不正确的是(　　)。

A. 如需要开具增值税专用发票必须请税务机关代开

B. 应税服务年销售额为 600 万元的其他个人为增值税小规模纳税人

C. 符合一般纳税人条件的非企业性单位可以选择按照小规模纳税人纳税

D. 除另有规定外，纳税人登记为一般纳税人后不得转为小规模纳税人

**48.** 根据消费税法律制度规定，下列选项中，采用从量计征的是(　　)。

A. 啤酒　　B. 红酒　　C. 白酒　　D. 葡萄酒

**49.** 进口应税消费品，按照海关的相关规定，应当自(　　)缴纳消费税。

A. 应税消费品报关进口当天　　B. 海关填发税款缴纳证之日起 15 日内

C. 海关填发税款缴纳证次日起 15 日内　　D. 海关填发税款缴纳证次日起 7 日内

**50.** 委托加工的应税消费品，是指(　　)。
A. 由外贸企业向受托方定制的应税消费品
B. 受托方先将原材料卖给委托方，然后再加工的应税消费品
C. 受托方以委托方名义购进原材料生产的应税消费品
D. 委托方提供原材料，受托方收取加工费和代垫部分辅助材料加工的应税消费品

**51.** 下列关于消费税纳税地点的表述中，正确的是(　　)。
A. 纳税人销售应税消费品应向生产地的主管税务机关纳税
B. 纳税人销售应税消费品应向核算地的主管税务机关纳税
C. 纳税人销售应税消费品应向销售地的主管税务机关纳税
D. 纳税人销售应税消费品应向机构所在地或居住地的主管税务机关纳税

**52.** 根据增值税法律制度的规定，下列情形中，纳税人可以自行开具增值税专用发票的是(　　)。
A. 商业企业一般纳税人零售烟酒　　B. 一般纳税人销售免税货物
C. 向消费者个人销售货物　　D. 生产企业一般纳税人销售机器设备

**53.** 根据增值税法律制度的规定，纳税人发生应税销售行为适用免税规定的，可以放弃免税，放弃免税后在一定期限内不得再申请免税，该期限为(　　)个月。
A. 12　　B. 36　　C. 24　　D. 18

**54.** 消费税纳税人采取赊销和分期收款结算方式的，其纳税义务的发生时间为(　　)。
A. 发出货物的当天　　B. 收到货款的当天
C. 合同规定的收款日期当天　　D. 合同规定的收款的最后期限

**55.** 下列各项中，符合消费税法有关应按当期生产领用数量计算准予扣除外购的应税消费品已纳消费税税款规定的是(　　)。
A. 外购已税白酒生产的药酒
B. 外购已税珠宝玉石原料生产的金银镶嵌首饰
C. 外购已税白酒生产的酒心巧克力
D. 外购已税润滑油为原料生产的成品油

**56.** 纳税人经营不同税率应税消费品，其税率运用正确的是(　　)。
A. 未分别核算不同税率消费品的，从低适用税率计算消费税
B. 分别核算不同税率消费品的，从高适用税率计算应纳消费税
C. 将不同税率消费品组成套装销售，分别核算各自销售额，按各自适用税率计算应纳税额
D. 将不同税率消费品组成套装销售，从高适用税率计算应纳税额

**57.** 某卷烟厂为增值税一般纳税人，其消费税以1个月为一期缴纳，其申报纳税的期限为自期满之日起(　　)日内。
A. 10　　B. 5　　C. 15　　D. 30

**58.** 下列纳税人中，属于增值税一般纳税人的是(　　)。
A. 年应征增值税销售额为600万元的从事货物生产的企业
B. 年应征增值税销售额为600万元的从事货物批发的个人
C. 年应征增值税销售额为300万元的从事加工的企业

D. 年应征增值税销售额为 300 万元的从事货物批发零售的企业

**59.** 甲公司为增值税一般纳税人，2020 年 10 月采取折扣方式销售货物一批，该批货物不含税销售额 90 000 元，折扣额 9 000 元。销售额和折扣额在同一张发票的金额栏分别注明。已知增值税税率为 13%。下列计算甲公司当月该笔业务增值税销项税额的算式中，正确的是（　　）。

A. (90 000－9 000)×(1＋13%)×13%＝11 898.9(元)

B. 90 000×13%＝11 700(元)

C. 90 000×(1＋13%)×13%＝13 221(元)

D. (90 000－9 000)×13%＝10 530(元)

**60.** 甲手机专卖店为增值税一般纳税人，2020 年 10 月采取以旧换新方式销售某型号手机 100 部，该型号新手机的同期含税销售单价为 3 248 元，旧手机的收购单价为 232 元，已知增值税税率为 13%，下列计算甲手机专卖店当月该业务增值税销项税额的算式中，正确的是（　　）。

A. (3 248－232)×100×13%＝39 208(元)

B. (3 248－232)×100÷(1＋13%)×13%＝34 697.35(元)

C. 3 248×100×13%＝42 224(元)

D. 3 248×100÷(1＋13%)×13%＝37 366.37(元)

**61.** 下列业务中，一般纳税人允许开具增值税专用发票的是（　　）。

A. 向个人销售劳务　　B. 向个体经营者零售烟酒、食品

C. 向一般纳税人销售货物　　D. 向个人销售房屋

**62.** 根据增值税法律制度的有关规定，下列有关增值税纳税人的表述中，正确的是（　　）。

A. 小规模纳税人标准为年应征增值税销售额 500 万元（含）以下

B. 年应税销售额未超过规定标准的纳税人，只能登记为小规模纳税人

C. 超过规定标准的其他个人可以办理一般纳税人登记

D. 小规模纳税人不得使用增值税专用发票

**63.** 甲企业为增值税一般纳税人，2020 年 7 月销售化工产品取得含税销售额 793.26 万元，为销售货物出借包装物收取押金 15.21 万元，约定 3 个月内返还；当月没收逾期未退还包装物的押金 1.3 万元。该企业 2020 年 7 月上述业务计税销售额为（　　）万元。

A. 703.15　　B. 691　　C. 692.11　　D. 794.56

**64.** 下列各项中，应在收回委托加工后征收消费税的是（　　）。

A. 商业批发企业销售委托其他企业加工的特制白酒，但受托方向委托方交货时没有代收代缴税款的

B. 商业批发企业收回委托其他企业加工的特制白酒直接销售的

C. 商业批发企业销售其委托加工，但要由受托方以其名义购买原材料生产的应税消费品

D. 工业企业委托加工收回后用于连续生产其他白酒的特制白酒

**65.** 对于纳税人自产自用的应税消费品，没有同类消费品销售价格的，按组成计税价格计算纳税。其中平均成本利润率由（　　）确定。

A. 省级人民政府　　B. 国务院　　C. 国家税务总局　　D. 省国税局

## 二、多项选择题

**1.** 根据增值税法律制度的规定，一般纳税人购进货物发生的下列情形中，不得从销项税额中抵扣进项税额的有（　　）。

A. 将购进的货物分配给股东　　B. 将购进的货物用于修缮厂房

C. 将购进的货物无偿赠送给客户　　D. 将购进的货物用于集体福利

**2.** 根据"营改增"的有关规定，下列属于视同提供应税服务的有（　　）。

A. 为本单位员工无偿提供搬家运输服务

B. 向客户无偿提供信息咨询服务

C. 销售货物同时无偿提供运输服务

D. 为客户无偿提供广告设计服务

**3.** 根据增值税法律制度的有关规定，下列情形中不属于在境内销售应税服务或无形资产的有（　　）。

A. 境外单位或者个人向境内单位或者个人销售完全在境外发生的服务

B. 境外单位或者个人向境内单位或者个人提供完全在境内发生的服务

C. 境外单位或者个人向境内单位或者个人出租完全在境外使用的有形动产

D. 境外单位或者个人向境外单位或者个人销售完全在境外使用的无形资产

**4.** 根据"营改增"的规定，下列适用5%的征收率包括（　　）。

A. 房地产开发企业中的小规模纳税人，销售房地产项目

B. 房地产开发企业中的小规模纳税人，销售房地产老项目

C. 小规模纳税人转让其取得的不动产

D. 小规模纳税人出租其取得的不动产（不含个人出租住房）

**5.** 根据增值税法律制度的规定，销售额中不包含的项目有（　　）。

A. 消费税等价内税金

B. 向购买方收取的销项税额

C. 受托加工应征消费税的消费品所代收代缴的消费税

D. 以委托方名义开具发票代委托方收取的款项

**6.** 根据"营改增"的规定，下列关于行业销售额的表述中，正确的有（　　）。

A. 贷款服务，以提供贷款服务取得的全部利息及利息性质的收入为销售额

B. 金融商品转让，按照卖出价全额为销售额

C. 经纪代理服务，以取得的全部价款和价外费用为销售额

D. 航空运输企业的销售额不包括代收的机场建设费和代售其他航空运输企业客票而代收转付的价款

**7.** 下列各项中，属于增值税混合销售行为的有（　　）。

A. 百货公司既销售商品又从事房地产开发

B. 餐饮公司提供餐饮服务的同时又销售烟酒

C. 建材商店在销售木质地的同时提供安装服务

D. 歌舞厅在提供娱乐服务的同时销售食品

**8.** 根据增值税法律制度的规定，下列各项中，应当视同销售货物征收增值税的有（　　）。

A. 将购进货物分配给股东　　B. 将自产货物用于集体福利

C. 将购进货物无偿赠送给其他单位　　D. 将购进货物投资于其他单位

**9.** 根据增值税法律制度的规定，一般纳税人发生的下列业务中，不得开具增值税专用发票的有（　　）。

A. 酒店向消费者个人提供餐饮服务　　B. 百货公司向消费者个人销售家用电器

C. 装修公司向一般纳税人提供装修服务　　D. 律师事务所向消费者个人提供咨询服务

**10.** 属于消费税的征税范围的有（　　）。

A. 白酒　　B. 调味料酒　　C. 葡萄酒　　D. 啤酒

**11.** 下列行为中，应视同销售货物征收增值税的有（　　）。

A. 将外购货物分配给股东　　B. 将外购货物用于个人消费

C. 将自产货物无偿赠送他人　　D. 将自产货物用于非增值税应税项目

**12.** 下列各项中，属于增值税价外费用的有（　　）。

A. 销项税额

B. 违约金

C. 包装物租金

D. 受托加工应征消费税的消费品所代收代缴的消费税

**13.** 企业外购的下列经营性货物中，不得抵扣进项税额的有（　　）。

A. 非正常性损失　　B. 用于对外投资

C. 用于生产免增值税项目　　D. 用于生产应税产品

**14.** 增值税的计税依据销售额中，价外费用包含的项目有（　　）。

A. 包装物租金　　B. 委托加工应税消费品代收代缴的消费税

C. 运费　　D. 包装费、装卸费

**15.** 下列行为属于视同销售货物应征收增值税的有（　　）。

A. 某生产企业将自产货物委托商业企业代销

B. 某企业将外购的月饼赠送给代理商

C. 某企业将外购的水泥用于基建工程

D. 某生产企业将自产货物投资于个体工商户

**16.** 根据消费税法律制度的规定，下列情形中，应当以纳税人同类应税消费品的最高销售价格作为计税依据计缴消费税的有（　　）。

A. 以自产应税消费品抵偿债务　　B. 以自产应税消费品投资入股

C. 以自产应税消费品换取消费资料　　D. 以自产应税消费品换取生产资料

**17.** 根据增值税法律制度的规定，将购买的货物用于下列行为时，其进项税额不得抵扣的有（　　）。

A. 劳动保护　　B. 免税项目　　C. 无偿赠送　　D. 个人消费

**18.** 一般纳税人销售下列货物，可以按照征收率3%计算缴纳增值税的有（　　）。

A. 销售旧货

B. 典当业销售死当物品

C. 寄售商店代销寄售物品

D. 销售自产的建筑用和生产建筑材料所用的砂、土、石料

**19.** 下列项目中，不可直接作为消费税计税依据的有（　　）。

A. 销售应税消费品开具普通发票上的价款
B. 各种从价计征的酒类产品的包装物押金
C. 销售白酒收取的品牌使用费
D. 用于换取生产资料的应税消费品的平均价格

**20.** 按《消费税暂行条例》的规定，下列情形之一的应税消费品，以纳税人同类应税消费品的最高销售价格作为计税依据计算消费税的有（　　）。
A. 用于抵债的应税消费品　　B. 用于馈赠的应税消费品
C. 用于换取生产资料的应税消费品　　D. 对外投资入股的应税消费品

**21.** 下列关于缴纳消费税适用计税依据的表述中，正确的有（　　）。
A. 委托加工应税消费品应当首先以受托人同类消费品销售价格作为计税依据
B. 投资入股的自产应税消费品应以纳税人同类应税消费品最高售价作为计税依据
C. 自产自用的应税消费品，用于连续生产，于移送使用时按照纳税人生产的同类应税消费品的销售价格作为计税依据
D. 换取消费资料的自产应税消费品应以纳税人同类消费品平均价格作为计税依据

**22.** 下列应税消费品中，仅采用定额税率征收消费税的有（　　）。
A. 汽油　　B. 柴油　　C. 卷烟　　D. 啤酒

**23.** 下列各项中，应视同销售缴纳消费税的有（　　）。
A. 外购已税高档化妆品原料生产的高档化妆品
B. 将自产越野汽车用于赞助汽车拉力赛
C. 将自制应税消费品用于广告
D. 外购已税烟丝生产的卷烟

**24.** 纳税人发生下列行为时，应按最高价格计征消费税的有（　　）。
A. 用于换取生产资料　　B. 用于换取消费资料
C. 用于抵偿债务　　D. 用于对外捐赠

**25.** 下列应税消费品中，实行复合计征消费税的有（　　）。
A. 卷烟　　B. 鞭炮　　C. 化妆品　　D. 白酒

**26.** 消费税的税率形式有（　　）。
A. 从价定率　　B. 累进税率　　C. 幅度比例税率　　D. 从量定额

**27.** 下列各项中，符合消费税暂行条例规定的有（　　）。
A. 外购烟丝时缴纳的消费税允许从用该烟丝生产的卷烟应纳消费税中扣除
B. 消费税的计征有从量定额、从价定率和复合计征三种
C. 酒类生产企业销售白酒产品而收取的包装物押金，一律视同白酒产品销售额计征消费税
D. 纳税人将不同税率的应税消费品成套销售的，一律从高适用税率计征消费税

**28.** 下列关于增值税计税销售额的规定，说法不正确的有（　　）。
A. 以物易物方式销售货物，由多交付货物的一方以价差计算缴纳增值税
B. 以旧换新方式销售货物，以实际收取的不含增值税的价款计算缴纳增值税（金银首饰除外）
C. 现金折扣方式销售货物，以扣除折扣额后的金额计算缴纳增值税

D. 销售折扣方式销售货物，分别开具发票的，不得从计税销售额中扣减折扣额

**29.** 依据增值税的有关规定，下列行为中，属于增值税征税范围的有（　）。

A. 集邮商品的生产　　B. 邮政部门销售集邮商品

C. 邮政部门发行报纸，期刊　　D. 电力公司向发电企业收取的过网费

**30.** 下列关于消费税征收范围的表述中，正确的有（　）。

A. 纳税人自产自用的应税消费品，用于连续生产应税消费品的，不缴纳消费税

B. 纳税人将自产自用的应税消费品用于馈赠、赞助的，缴纳消费税

C. 委托加工的应税消费品，受托方在交货时已代收代缴消费税，委托方收回后直接销售的，再缴纳一道消费税

D. 卷烟在生产和批发两个环节均征收消费税

**31.** 下列消费品中，应征收消费税的有（　）。

A. 卫生筷子　　B. 高尔夫球　　C. 高尔夫球杆　　D. 高尔夫车

**32.** 依据"营改增"的政策规定，下列行为中属于商务辅助服务的有（　）。

A. 广告代理服务　　B. 企业管理服务　　C. 经纪代理服务　　D. 人力资源服务

**33.** 下列各项中，不得从销项税额中抵扣进项税额的有（　）。

A. 购进生产用燃料所支付的增值税款

B. 不合格产品耗用材料所支付的增值税款

C. 因管理不善霉烂变质材料所支付的增值税款

D. 被执法部门依法没收的货物所支付的增值税款

**34.** 下列项目中，适用增值税零税率的有（　）。

A. 国际运输服务　　B. 完全发生在境外的设计服务

C. 工程项目在境外的建筑服务　　D. 存储地点在境外的仓储服务

**35.** 下列各项中，属于税收特征的有（　）。

A. 强制性　　B. 灵活性　　C. 无偿性　　D. 固定性

**36.** 我国目前税法中采用的税率有（　）。

A. 全额累进税率　　B. 超额累进税率　　C. 超率累进税率　　D. 比例税率

**37.** 依据"营改增"的政策规定，下列行为中属于物流辅助服务的有（　）。

A. 无运输工具承运业务　　B. 打捞救助服务

C. 装卸搬运服务　　D. 收派服务

**38.** 下列各项中，不需要缴纳增值税的项目有（　）。

A. 存款利息

B. 被保险人获得的保险赔付

C. 单位或者个体工商户向其他单位或者个人无偿提供服务

D. 单位或者个人向其他单位或者个人无偿转让无形资产或者不动产

**39.** 纳税人发生兼营行为，应当分别核算适用不同税率或者征收率的销售额，未分别核算销售额的，应当（　）。

A. 兼有不同税率的应税销售行为，从高适用税率

B. 兼有不同税率的应税销售行为，适用主业税率

C. 兼有不同征收率的应税销售行为，从高适用征收率

D. 兼有不同征收率的应税销售行为，适用主业征收率

**40.** 根据“营改增”的规定，下列行业以余额为销售额的有（ ）。

A. 贷款服务　　B. 试点纳税人提供建筑服务

C. 经纪代理服务　　D. 航空运输企业

**41.** 增值税纳税人可以凭票抵扣进项税额，具体包括（ ）。

A. 增值税专用发票　　B. 机动车销售统一发票

C. 农产品收购发票　　D. 海关进口增值税专用缴款书

**42.** 下列各项中，属于增值税法定免税的项目有（ ）。

A. 个体工商户销售使用过的物品

B. 农业生产者销售自产农产品

C. 国际友人无偿赠送的物资

D. 残疾人组织直接进口供残疾人专用的物品

**43.** 以下适用“营改增”相关免税政策的有（ ）。

A. 个人转让著作权　　B. 个人转让商标权

C. 残疾人员本人为社会提供的服务　　D. 个人销售自建自用住房

**44.** 下列各项中，属于消费税征收范围的有（ ）。

A. 汽车销售公司销售小轿车　　B. 金银饰品厂批发自产的金银首饰

C. 日化公司销售自产的化妆品　　D. 烟草公司销售自产的烟丝

**45.** 根据《消费税暂行条例》的规定，下列各项中，不应征收消费税的有（ ）。

A. 某企业生产木制一次性筷子销售　　B. 外贸企业进口彩色电视机

C. 日化企业将自产化妆品用于职工福利　　D. 商业企业销售外购汽车轮胎

**46.** 下列关于从量计征消费税计税依据确定方法的表述中，正确的有（ ）。

A. 销售应税消费品的，为应税消费品的销售数量

B. 进口应税消费品的，为海关核定的应税消费品进口征税数量

C. 以应税消费品投资入股的，为应税消费品移送使用数量

D. 委托加工应税消费品，为加工完成的应税消费品数量

**47.** 下列各项中，外购应税消费品已纳消费税款不准予扣除的有（ ）。

A. 外购已税鞭炮焰火生产的鞭炮焰火

B. 外购已税杆头、握把为原料生产的高尔夫球杆

C. 外购已税珠宝原料生产的金银镶嵌首饰

D. 外购已税溶剂油为原料生产的应税成品油

## 三、判断题

**1.** 当前税法规定，对每辆零售价格 120 万元（不含增值税）及以上的超豪华小汽车，在零售环节加征消费税，税率为 10%。（ ）

**2.** 金融企业发放贷款后，自结息日起 60 天内发生的应收未收利息按现行规定缴纳增值税，自结息日起 60 天后发生的应收未收利息暂不缴纳增值税，待实际收到利息时按规定缴纳增值税。（ ）

**3.** 增值税起征点的适用范围限于个人，包括个体工商户和其他个人。（ ）

4. 一般纳税人销售自己使用过的属于《增值税暂行条例》规定不得抵扣且未抵扣进项税额的固定资产，按简易办法依3%征收率减按2%征收增值税。（ ）
5. 小规模纳税人外购货物取得专用发票，按3%计算抵扣进项税额。（ ）
6. 按照增值税法律制度的有关规定，商业折扣如果和销售额开在同一张发票金额栏上的，可以从销售额中扣除。
7. 甲企业未按规定向乙企业支付货款，乙企业按合同规定向甲企业收取违约金，由于违约金是在销售实现后收取的，故不应征增值税。（ ）
8. 增值税一般纳税人实行登记制，除另有规定外，应当向税务机关办理登记手续。（ ）
9. 纳税人销售货物、劳务、服务、无形资产或者不动产使用不同税率和征收率的，未分别核算销售额的，从高适用税率计征。（ ）
10. 一般纳税人因销售货物退回或者折让而退还给购买方的增值税税额，应从发生销售货物退回或者折让当期的销项税额中扣减。（ ）
11. 纳税人出口货物，使用零税率，就是指在出口环节不征收增值税。（ ）
12. 视同销售货物计算增值税时，增值税纳税人自己无同类货物的销售价格的，税务机关应当按组成计税价格确定销售额。（ ）
13. 纳税人因不可抗力造成购进的货物毁损灭失的，其购进时取得的增值税专用发票注明的税额不得从销项税额中扣除。（ ）
14. 在同一县设两个以上机构并实行统一核算的纳税人，将货物从一个机构移送至其他机构用于销售，视同销售，应缴纳增值税。（ ）
15. 对销售啤酒、黄酒的包装物押金，无论是否返还以及会计上如何核算，均应并入当期销售额征收增值税。（ ）
16. 纳税人采取还本销售方式销售货物，其销售额就是货物的销售价格，不得从销售额中减除还本支出。（ ）
17. 某医药企业直接进口供残疾人专用的物品免征进口增值税。（ ）
18. 纳税人将不同税率的应税消费品组成成套消费品销售的，如果分别核算不同税率应税消费品的销售额、销售数量的，应按不同税率分别计算不同消费品应纳的消费税。（ ）
19. 中华人民共和国境外的单位或者个人在境内销售劳务，应以购买方为扣缴义务人。（ ）
20. 对销售非酒类产品而收取的1年以上的包装物押金，无论是否退换均并入销售额征收增值税。（ ）
21. 增值税扣缴义务发生时间为纳税人支付货款的当天。（ ）
22. 纳税人兼营免税、减税项目的，应当分别核算免税、减税项目的销售额；未分别核算销售额的，由税务机关确定减税、免税销售额。（ ）
23. 消费税规定的应税消费品均属于货物，缴纳增值税时也要缴纳消费税。（ ）
24. 向其他单位或者个人无偿提供服务、无偿转让无形资产或者不动产，除用于公益事业或者以社会公众为对象外，应视同发生应税行为，照章缴纳增值税。（ ）
25. 个人年应征增值税销售额在500万元以上时，可以向税务局申请登记一般纳税人。（ ）

**26.** 现行增值税法规定，销售额没有达到起征点的，不征增值税；超过起征点的，应就超过起征点的部分销售额依法计算缴纳增值税。（　　）

**27.** 纳税人采取以旧换新方式销售货物的，可以从新货物销售额中减除收购旧货物所支付的金额。（　　）

**28.** 从事货物生产、批发或者零售为主的单位和个体工商户的混合销售按照销售服务缴纳增值税；其他单位和个体工商户的混合销售按照销售货物缴纳增值税。（　　）

**29.** 增值税小规模纳税人，月销售额不超过 10 万元（含 10 万元，下同）的，按照规定免征增值税。（　　）

**30.** 单位或者个人向社会公众无偿转让无形资产或者不动产，用于公益事业，不视同转让无形资产或不动产，不征收增值税。（　　）

**31.** 纳税人自税务机关受理纳税人放弃免税权声明的次月起 12 个月内不得申请免税。（　　）

**32.** 增值税一般纳税人购进农产品，可以按照农产品收购发票或者销售发票上注明的农产品买价和 9%的扣除率计算进项税额。（　　）

**33.** 2020 年 5 月 A 企业购入一批货物，6 月公司组织拔河比赛，这批货物作为胜利一方的奖品发放给企业职工，2020 年 6 月，这批货物要视同销售计算销项税额。（　　）

**34.** 委托加工的应税消费品，以受托的单位为消费税的纳税义务人。（　　）

## 四、不定项选择题

**1.** 甲公司为增值税一般纳税人，主要从事大型机械设备制造和销售业务。2020 年 10 月有关经营情况如下：

(1) 购入原材料取得增值税专用发票注明税额 39 万元；进口检测仪器取得海关进口增值税专用缴款书注明税额 26 万元。

(2) 报销销售人员国内差旅费，取得网约车费增值税电子普通发票注明税额 0.09 万元；取得住宿费增值税普通发票注明税额 0.6 万元；取得注明销售人员身份信息的铁路车票，票面金额合计 10.9 万元；取得注明销售人员身份信息的公路客票，票面金额合计 5.15 万元。

(3) 采取分期收款方式销售 T 型大型机械设备一台，含增值税价款 226 万元，合同约定当月收取价款；采取预收贷款方式销售 Y 型大型机械设备一台，设备生产工期 18 个月，合同约定本月应预收款含增值税价款 960.5 万元，甲公司当月实际收到该笔预收款。

(4) 支付境外乙公司专利技术使用费，合同约定含增值税价款 99.64 万元，乙公司在境内未设有经营机构且无代理人。

已知：销售货物增值税税率为 13%；销售无形资产的增值税税率为 6%；铁路旅客运输服务按照 9%计算进项税额；公路旅客运输服务按照 3%计算进项税额；取得的扣税凭证均符合抵扣规定。

要求：根据上述资料，不考虑其他因素，分析回答下列问题。

(1) 甲公司当月下列进项税额中，准予从销项税额中抵扣的是（　　）。

A. 检测仪器的进项税额 26 万元　　B. 原材料的进项税额 39 万元

C. 住宿费的进项税额 0.6 万元　　　D. 网约车费的进项税额 0.09 万元

(2) 下列计算甲公司当月铁路车票和公路客票准予抵扣进项税额的算式中，正确的是（　）。

A. 10.9×9%+5.15÷(1+3%)×3%=1.131(万元)

B. 10.9÷(1+9%)×9%+5.15×3%=1.0545(万元)

C. 10.94+5.15×3%=1.1355(万元)

D. 10.9÷(1+9%)×9%+5.15÷(1+3%)×3%=1.05(万元)

(3) 计算甲公司当月销售大型机械设备增值税销项税额的下列算式中，正确的是（　）。

A. 226÷(1+13%)×13%=26(万元)

B. 960.5×13%=124.865(万元)

C. (226+960.5)÷(1+13%)×13%=136.5(万元)

D. 226÷(1+13%)×13%+960.5×13%=150.865(万元)

(4) 下列计算甲公司支付专利技术使用费应代扣代缴增值税税额的算式中，正确的是（　）。

A. 99.64÷(1−6%)×(1+6%)×6%=6.7416(万元)

B. 99.64×6%=5.9784(万元)

C. 99.64÷(1+6%)×6%=5.64(万元)

D. 99.64÷(1−6%)×6%=6.36(万元)

**2.** 甲公司为增值税一般纳税人，主要从事小汽车的制造和销售业务。2020 年 7 月有关经营情况如下：

(1) 销售 1 辆定制的自产小汽车，取得含增值税价款 226 000 元，另收取手续费 33 900 元。

(2) 将 10 辆自产小汽车对外投资，小汽车生产成本 9 万元/辆，甲公司同类小汽车不含增值税最高销售价格 17 万元/辆，平均销售价格 15 万元/辆，最低销售价格 12 万元/辆。

(3) 采取预收货款方式销售给 4S 店一批自产小汽车，6 日签订合同，11 日收到预收款，16 日发出小汽车，21 日开具发票。

(4) 生产中轻型商用客车 180 辆，其中 171 辆用于销售、3 辆用于广告、2 辆用于本公司管理部门、4 辆用于赞助。

已知：小汽车消费税税率为 5%，适用增值税税率为 13%。

要求：根据上述资料，分析回答下列问题。

(1) 下列计算甲公司当月销售定制的自产小汽车应缴纳消费税税额的算式中，正确的是（　）。

A. (226 000+33 900)×5%=12 995(元)

B. 226 000÷(1+13%)×5%=10 000(元)

C. (226 000+33 900)÷(1+13%)×5%=11 500(元)

D. 226 000×5%=11 300(元)

(2) 下列计算甲公司当月以自产小汽车对外投资应缴纳消费税税额的算式中，正确的是（　）。

A. 10×15×5%=7.5(万元)　　　B. 10×12×5%=6(万元)

C. 10×9×5%=4.5(万元)　　D. 10×17×5%=8.5(万元)

(3) 甲公司当月采取预收货款方式销售自产小汽车，消费税的纳税义务发生时间为(　　)。

A. 2020年7月6日　　B. 2020年7月11日

C. 2020年7月16日　　D. 2020年7月21日

(4) 甲公司的下列中轻型商用车中，应缴纳消费税的是(　　)。

A. 用于赞助的4辆　　B. 用于销售的171辆

C. 用于广告的3辆　　D. 用于本公司管理部门的2辆

**3.** 甲商店为增值税一般纳税人，主要从事副食品批发、零售业务。2020年11月有关经营情况如下：

(1) 向枣农收购一批红枣，农产品收购发票上注明买价30 000元。该批红枣一部分用于销售，一部分无偿赠送关联企业，另一部分用于职工个人消费。

(2) 销售烟酒商品取得含增值税价款4 095 000元，另收取食品袋价款2 340元。

(3) 将自制一批糕点作为职工福利，成本7 020元。

已知：该商店业务发生在2020年，服务业增值税税率为13%，成本利润为10%，农产品收购发票通过认证。

要求：根据上述资料，分析回答下列问题。

(1) 甲商店收购红枣增值税进项税额税务处理的下列表述中，正确的是(　　)。

A. 用于职工个人消费部分的允许抵扣

B. 用于销售部分的允许抵扣

C. 全部不允许抵扣

D. 用于无偿赠送关联企业部分的允许抵扣

(2) 下列计算甲商店销售烟酒商品增值税销项税额的算式中，正确的是(　　)。

A. [4 095 000+2 340÷(1+13%)]×13%=532 619.2(元)

B. 4 095 000÷(1+13%)×13%=471 106.19(元)

C. 4 095 000×13%=532 350 (元)

D. (4 095 000+2 340)÷(1+13%)×13%=471 375.4(元)

(3) 下列计算甲商店自制糕点增值税销项税额的算式中，正确的是(　　)。

A. 7 020×(1+10%)÷(1+13%)×13%=888.37(元)

B. 7 020÷(1+13%)×13%=807.61(元)

C. 7 020×(1+10%)×13%=1 003.86(元)

D. 7 020×13%=912.6(元)

**4.** 甲公司为增值税一般纳税人，主要从事化妆品生产和销售业务，2019年有关经营情况如下：

(1) 销售自产高档美容化妆品，取得不含增值税销售额3 000 000元。

(2) 将100套自产高档美容化妆品无偿赠送客户，当月同类化妆品不含增值税单价1 000元/套。

(3) 将40套自产高档护肤类化妆品奖励给公司优秀员工，当月同类化妆品不含增值税单价500元/套。

(4) 以银行存款 5 000 000 元投资乙商场。

(5) 受托为丙公司加工一批高档修饰类化妆品,收取加工费开具增值税专用发票,注明金额 250 000 元,税额 32 500 元,丙公司提供材料成本 600 000 元;甲公司无同类化妆品销售价格。

(6) 进口一批成套化妆品,海关核定关税完税价格 935 000 元,取得海关进口增值税专用缴款书。

已知:销售高档化妆品增值税税率 13%,消费税税率 15%,关税税率 5%,取得的扣税凭证均符合抵扣规定。

要求:根据上述资料,不考虑其他因素,分析回答下列问题。

(1) 甲公司当月下列业务中,应缴纳消费税的是(　　)。

A. 将自产高档护肤类化妆品奖励给公司优秀员工

B. 销售自产高档美容化妆品

C. 将自产高档美容化妆品无偿赠送客户

D. 以银行存款 5 000 000 元投资乙商场

(2) 下列计算甲公司当月受托加工高档修饰类化妆品应代扣代缴消费税税额的计算公式中,正确的是(　　)。

A. (6 000 000+250 000)×15%=127 500(元)

B. (6 000 000+250 000)÷(1−15%)×15%=150 000(元)

C. 6 000 000×15%=90 000(元)

D. (6 000 000+250 000+32 500)×15%=132 375(元)

(3) 下列计算甲公司当月进口成套化妆品应缴纳消费税税额的计算公式中,正确的是(　　)。

A. 935 000×15%=140 250(元)

B. 935 000÷(1−15%)×15%=165 000(元)

C. (935 000+935 000×5%)÷(1−15%)×15%=173 250(元)

D. (935 000+935 000)×15%=147 262.5(元)

(4) 下列计算甲公司当月向税务机关缴纳增值税税额的计算公式中,正确的是(　　)。

A. 3 000 000×13%+32 500=422 500(元)

B. 3 000 000×13%−(935 000+935 000×5%)×13%=262 372.5(元)

C. (3 000 000+100×1 000)×13%−(935 000+935 000×5%)×13%=275 372.5(元)

D. (3 000 000+100×1 000+500×40)×13%−(935 000+935 000×5%)÷(1−15%)×13%=255 450(元)

**5.** 某卷烟厂为增值税一般纳税人,2020 年 9 月生产经营情况如下:

(1) 月初库存外购已税烟丝 80 万元,当月外购已税烟丝取得增值税专用发票,注明支付货款金额 1 200 万元、进项税额 156 万元,烟丝全部验收入库。

(2) 本月生产领用外购已税烟丝 400 万元。

(3) 生产卷烟 1 500 箱(标准箱),全部对外销售,取得含税销售额 4 563 万元。支付销货运输费用,取得运输单位开具的增值税专用发票注明价款 60 万元。

(4) 直接销售部分外购已税烟丝,开具普通发票注明价款 50 万元。

已知:适用增值税税率为13%;烟丝消费税税率为30%;卷烟消费税定额税率为每箱150元,比例税率为56%。

要求:根据上述资料,分析回答下列问题。

(1) 下列计算卷烟厂9月准予扣除的进项税额的算式中,正确的是(　　)。

A. 156×400÷(80+1 200−400)=70.91(万元)

B. 156+60×6%=192(万元)

C. 156+60×9%=161.4(万元)

D. 80×13%+156+60×9%=198.4(万元)

(2) 下列计算卷烟厂9月增值税销项税额的算式中,正确的是(　　)。

A. (4 563+50)×13%=599.69(万元)

B. 4 563÷(1+13%)×13%+50×13%=531.45(万元)

C. (4 563+50)÷(1−13%)×13%=689.3(万元)

D. (4 563+50)÷(1+13%)×13%=530.7(万元)

(3) 下列计算卷烟厂9月消费税的计算公式中,正确的是(　　)。

A. 4 563÷(1+13%)×56%+1 500×0.015=2 283.81(万元)

B. (4 563+50)÷(1+13%)×56%+1 500×0.015=2 308.59(万元)

C. 4 563÷(1+13%)×56%+1 500×0.015−400×30%=2 163.81(万元)

D. 4 563+(1+13%)×56%=2 261.31(万元)

(4) 下列有关本题的表述中,正确的是(　　)。

A. 外购已税烟丝用于连续生产卷烟,可以抵扣已纳消费税

B. 外购烟丝用于连续生产卷烟,不可以抵扣已纳消费税

C. 卷烟生产企业销售卷烟复合计征消费税

D. 卷烟生产企业直接销售外购已税烟丝,需要按售价计算缴纳消费税

**6.** 甲酒厂系增值税一般纳税人,主要经营粮食白酒的生产和销售,2020年10月发生以下经济业务:

(1) 进口一辆小汽车,将其作为固定资产供管理部门业务接待使用,海关确定的关税完税价格为36万元,关税税率为25%。

(2) 向某商场销售自产白酒80吨,开具普通发票,取得含税收入232万元,另收取包装物押金58万元。

(3) 采取分期收款方式向某单位销售自产白酒20吨,合同规定不含税销售额共计50万元,本月收取60%的货款,其余货款于11月10日收取,由于该单位资金紧张,甲酒厂本月实际取得价税合计金额23.2万元。

(4) 生产一种新型白酒1吨,将其全部赠送给关联企业,已知该种白酒没有同类产品的销售价格,生产成本为1.5万元。

已知:增值税税率为13%,小汽车的消费税税率为9%;白酒的消费税税率为20%比例税加0.5元/斤的从量税,成本利润率为10%。

要求:根据上述资料,分析回答下列问题。

(1) 甲酒厂进口业务应缴纳进口增值税和消费税计算正确的是(　　)。

A. 应缴纳进口消费税=36×(1+25%)÷(1+13%)×9%=3.58(万元)

B. 应缴纳进口消费税＝36×(1＋25%)÷(1－9%)×9%＝4.45(万元)

C. 应缴纳进口增值税＝36×(1＋25%)÷(1＋13%)×13%＝5.17(万元)

D. 应缴纳进口增值税＝36×(1＋25%)÷(1－9%)×13%＝6.42(万元)

(2) 甲酒厂采取分期收款方式销售白酒，本月应缴纳消费税(　　)万元。

A. 6　　B. 7.2　　C. 12　　D. 10

(3) 甲酒厂赠送给关联企业的新型白酒应缴纳消费税(　　)万元。

A. 0.51　　B. 0.44　　C. 0.54　　D. 0.41

**7.** 甲公司属于一般纳税人，具有交通运输业资质，2019 年 9 月发生下列业务：

(1) 向境内乙公司提供货物运输劳务，取得含增值税运费收入 865.8 万元；向境内丙公司提供客运劳务，取得含增值税运费收入 77.7 万元。

(2) 提供国际运输服务，取得不含税运费收入 50 万元。

(3) 销售本公司使用过的货车，取得含税收入 10.3 万元，该货车是 2007 年 4 月购入，购入价为 40 万元。

(4) 购买客车、货车用汽油，取得加油站开具的增值税专用发票注明税额 55 万元；购买客车、货车用柴油，取得加油站开具的增值税普通发票，发票上记载的价税合计为 23.4 万元。

已知：该公司业务发生在 2019 年，交通运输服务增值税适用的税率为 9%；取得的增值税专用发票均通过税务机关认证。

要求：根据上述资料，分析回答下列问题。

(1) 下列计算甲公司 2019 年 9 月销项税额的算式中，正确的是(　　)。

A. (865.8＋77.7)÷(1＋13%)×13%＝108.54(万元)

B. (865.8＋77.7)÷(1＋13%)×13%＋50×13%＝115.04(万元)

C. (865.8＋77.7)÷(1＋9%)×9%＝77.9(万元)

D. (865.8＋77.7)÷(1＋9%)×9%＋50×9%＝122.9(万元)

(2) 甲公司销售自己使用过的固定资产应纳增值税为(　　)元。

A. 17 000　　B. 11 000　　C. 3 000　　D. 2 000

(3) 甲公司 2019 年 9 月应纳增值税为(　　)万元。

A. 23.1　　B. 14.2　　C. 5.3　　D. 10.8

(4) 根据增值税法律制度的规定，下列各项中，说法正确的是(　　)。

A. 一般纳税人销售自己使用过的固定资产，均应按照简易办法依照 3%的征收率减按 2%征收

B. 一般纳税人向小规模纳税人提供运输劳务可以开具增值税专用发票

C. 提供国际运输服务适用零税率的规定

D. 纳税人提供适用不同税率或者征收率的应税服务，应当分别核算适用不同税率或者征收率的销售额；未分别核算的，从高适用税率

# 第五章　企业所得税、个人所得税法律制度

## 本章知识框架

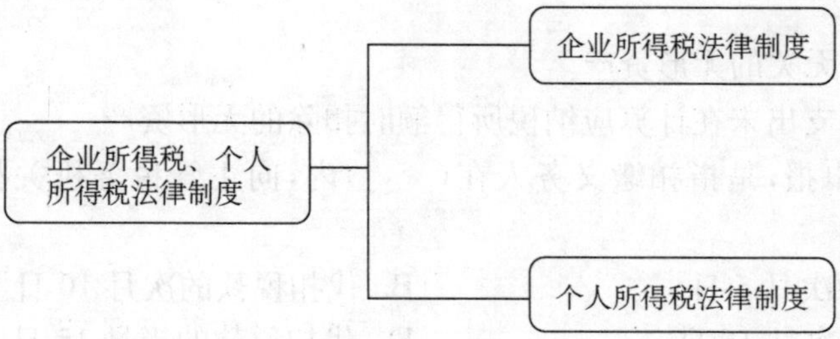


## 本章强化训练

### 一、单项选择题

**1.** 非居民个人下列项目中，费用扣除采用定额扣除的是（　　）。

A. 利息、股息、红利所得　　B. 工资薪金所得

C. 偶然所得　　D. 财产租赁所得

**2.** 在计算缴纳个人所得税时，个人通过非营利性的社会团体和国家机关进行的公益性捐赠，不能在应纳税所得额中全额扣除的是（　　）。

A. 向红十字事业捐赠　　B. 向农村义务教育捐赠

C. 向贫困地区的捐赠　　D. 公益性青少年活动场所

**3.** 下列各项中，符合我国个人所得税法规定的是（　　）。

A. 偶然所得按每次收入额为应纳税所得额

B. 劳务报酬所得按每次收入额为应纳税所得额

C. 储蓄存款利息所得属于个人所得税的征收范围

D. 取得的国债利息免税，但取得国家发行的金融债券的利息应依法纳税

**4.** 根据企业所得税法的规定，下列固定资产计税基础确定方法中，错误的是（　　）。

A. 外购的固定资产，以购买价款和支付的相关税费以及直接归属于使该资产达到预定用途发生的其他支出为计税基础

B. 自行建造的固定资产，以竣工结算前发生的支出为计税基础

C. 盘盈的固定资产，以同类固定资产的历史成本为计税基础

D. 通过捐赠、投资、非货币性资产交换、债务重组等方式取得的固定资产，以该资产的

公允价值和支付的相关税费为计税基础

**5.** 根据企业所得税法的规定，下列关于固定资产计算折旧的最低年限表述中正确的是（　　）。

A. 房屋、建筑物最低折旧年限为 20 年

B. 飞机、火车、轮船最低折旧年限为 20 年

C. 与生产经营活动有关的器具、工具、家具等，最低折旧年限为 10 年

D. 电子设备，最低折旧年限为 5 年

**6.** 根据企业所得税法的规定，下列无形资产在计算应纳税所得额时，需要计提摊销费用扣除的是（　　）。

A. 自行开发的支出已在计算应纳税所得额时扣除的无形资产

B. 自创商誉

C. 与经营活动无关的无形资产

D. 自行开发的支出未在计算应纳税所得额时扣除的无形资产

**7.** 全员全额扣缴申报，是指扣缴义务人在（　　）内，向主管税务机关报送相关涉税信息资料。

A. 代扣税款的次月 5 日　　B. 代扣税款的次月 10 日

C. 代扣税款的次月 15 日　　D. 代扣税款的当月 15 日

**8.** 根据个人所得税法律制度的规定，下列所得不属于劳务报酬所得的是（　　）。

A. 报刊记者在本报刊上刊登文章获得的报酬

B. 在校学生参加勤工俭学获得的报酬

C. 个人兼职取得的收入

D. 证券经纪人从证券公司取得的佣金收入

**9.** 根据个人所得税法律制度的规定，下列各项中，属于个人所得税居民纳税人的是（　　）。

A. 出国留学 5 年归来已在国内工作半年并在工作地有住所的林某

B. 在国内有房产，移民后一直居住国外的张某

C. 2019 年 12 月 30 日在我国工作于 2020 年 5 月 1 日离境的杰森

D. 2019 年 12 月入境，2020 年 1 月离境的詹姆斯

**10.** 根据个人所得税法律制度的规定，个人转让房屋所得应适用的税目是（　　）。

A. 财产转让所得　　B. 偶然所得

C. 特许权使用费所得　　D. 劳务报酬所得

**11.** 下列各项中，符合我国个人所得税法规定的是（　　）。

A. 偶然所得按每次收入额为应纳税所得额

B. 劳务报酬所得按收入额减按 70%计算

C. 个人领取原提存的住房公积金应缴个人所得税

D. 取得的国债利息应依法纳税

**12.** 2020 年 3 月，王某购买福利彩票取得一次中奖收入 15 000 元，将其中 5 000 元通过国家机关赠予红十字基金会。已知偶然所得个人所得税税率为 20%。下列计算王某中奖收入应缴纳个人所得税税额的算式中，正确的是（　　）。

A. (15 000－5 000)×20%＝2 000(元)

B. 15 000×20%＝3 000(元)

C. 15 000÷(1－20%)×20%＝3 750(元)

D. (15 000－5 000)÷(1－20%)×20%＝2 500(元)

**13.** 根据个人所得税法律制度的规定，下列说法中，不正确的是(　　)。

A. 纳税人可以委托扣缴义务人或者其他单位和个人办理汇算清缴

B. 扣缴义务人应当按照国家规定办理全员全额扣缴申报

C. 纳税人申请退税，应当提供其在中国境内开设的银行账户，并在纳税地办理税款退库

D. 税务机关对扣缴义务人按照所扣缴的税款，付给2%的手续费

**14.** 个人所得税纳税人取得应税所得没有扣缴义务人的，应当在取得所得的次月(　　)日内向税务机关报送纳税申报表，并缴纳税款。

A. 3　　B. 5　　C. 7　　D. 15

**15.** 根据个人所得税法律的规定，在中国境内无住所但取得所得的下列外籍个人中，不属于居民纳税人的是(　　)。

A. 甲2020年1月1日入境，2020年6月1日离境

B. 乙2020年1月10日入境，2020年10月10日离境

C. 丙2019年10月1日入境，2020年10月1日离境

D. 丁2020年3月1日入境，2021年1月1日离境

**16.** 根据个人所得税法律制度的规定，下列各项中，属于工资、薪金所得项目的是(　　)。

A. 年终加薪　　B. 托儿补助费　　C. 独生子女补贴　　D. 差旅费津贴

**17.** 合伙企业出资购买房屋并将所有权登记为合伙企业个人投资者，则个人投资者取得这项所得在缴纳个人所得税时适用的税目是(　　)。

A. 工资、薪金所得　　B. 劳务报酬所得

C. 经营所得　　D. 利息、股息、红利所得

**18.** 依据企业所得税法的规定，下列各项中，按负担所得的所在地确定所得来源地的是(　　)。

A. 销售货物所得　　B. 权益性投资所得

C. 动产转让所得　　D. 特许权使用费所得

**19.** 美白公司销售一批衣服，含增值税价格为67.8万元，由于购买数量多，美白公司给予购买方9折优惠，销售额和折扣额在同一张发票"金额栏"内分别列示，增值税税率为13%。美白公司在计算企业所得税应纳税所得额时，应确认的产品销售收入为(　　)万元。

A. 61.02　　B. 60　　C. 54　　D. 68.95

**20.** 以下各项支出中，按照企业所得税法的规定可在税前扣除的是(　　)。

A. 税收滞纳金　　B. 非广告性赞助

C. 企业所得税税款　　D. 按规定缴纳的财产保险费

**21.** 下列各项中，最低折旧年限为5年的固定资产是(　　)。

A. 建筑物　　B. 生产设备　　C. 家具　　D. 电子设备

**22.** 根据企业所得税法律制度的规定，下列各项中，属于免税收入的是(　　)。

A. 企业接受社会捐赠收入

B. 转让企业债券取得的收入

C. 已作坏账损失处理后又收回的应收账款

D. 国债利息收入

**23.** 依据企业所得税法的规定，企业购买专用设备的投资额可按一定比例实行税额抵免，该设备应符合的条件是(　　)。

A. 用于创业投资　　B. 用于综合利用资源

C. 用于开发新产品　　D. 用于环境保护

**24.** 个体工商户生产经营活动中，应当分别核算生产经营费用和个人、家庭费用。对于生产经营与个人、家庭生活混用难以分清的费用，按照一定比例视为与生产经营有关费用准予扣除。这一比例是(　　)。

A. 20%　　B. 30%　　C. 40%　　D. 50%

**25.** 甲公司为生产化妆品的居民企业，2021 年甲公司由于发展需要借款 100 万元。其中，向银行借款 50 万元，期限为 1 年，发生利息 4 万元。向另一家企业借款 50 万元，期限为 1 年，发生利息 9 万元。则按照税法规定，甲公司可以税前扣除的利息费用为(　　)万元。

A. 4　　B. 8　　C. 9　　D. 13

**26.** 2020 年 9 月林某出租自有住房，取得租金收入 8 000 元，房屋租赁过程中缴纳税费 240 元，支付该房屋修缮费 1 000 元，已知个人出租住房个人所得税税费暂减按 10%征收，每次收入 4 000 元以上的，减除 20%的费用。下列计算林某当月出租住房应缴纳个人所得税税额的算式中，正确的是(　　)。

A. (8 000－240－800)×10%＝696(元)

B. (8 000－240－1 000)×10%＝676(元)

C. (8 000－240－1 000)×(1－20%)×10%＝540.8(元)

D. (8 000－240－800)×(1－20%)×10%＝556.8(元)

**27.** 甲公司 2020 年实现销售收入为 1 000 万元，发生的与生产经营活动有关的业务招待费支出 6 万元。已知在计算企业所得税应纳税所得额时，企业发生的与经营活动有关的业务招待费支出，按照发生额的 60%扣除，但最高不得超过当年销售(营业)收入的 5‰，甲公司在计算 2020 年度应纳税所得额时，准予扣除业务招待费的下列算式中，正确的是(　　)。

A. 6 万元　　B. 6×60%＝3.6(万元)

C. (1 000－60)×5‰＝4.7(万元)　　D. 1 000×5‰＝5(万元)

**28.** 李某发生的下列支出，在计算房屋租赁所得应缴纳个人所得税税额时，准予扣除的是(　　)。

A. 供暖费 2 300 元　　B. 宽带费 600 元

C. 购房贷款 2 200 元　　D. 房屋修缮费 700 元

**29.** 长江公司为居民企业，2020 年度境内应纳税所得额 1 000 万元，来源于 M 国的应纳税所得额 300 万元，已在 M 国缴纳企业所得税税额为 60 万元，已知长江公司适用的所得税税率为 25%，下列计算长江公司 2020 年度应缴纳企业所得税税额的算式中，正确的是(　　)。

A. 1 000×25%=250(万元)　B. (1 000+300)×25%=325(万元)
C. (1 000+300)×25%-60=265(万元)　D. 1 000×25%-60=190(万元)

**30.** 甲公司2020年度利润总额300万元，预缴企业所得税税额60万元，在"营业外支出"账户中列支了通过公益性社会组织向灾区的捐款38万元。已知企业所得税税率为25%；公益性捐赠支出不超过年度利润总额12%的部分，准予在计算企业所得税应纳税所得额时扣除。下列计算甲公司当年应补缴企业所得税税额的算式中，正确的是(　　)。

A. 300×25%-60=15(万元)
B. (300+300×12%)×25%-60=24(万元)
C. [300+(38-300×12%)]×25%-60=15.5(万元)
D. (300+38)×25%-60=24.5(万元)

**31.** 2020年度，甲企业实现销售收入3 000万元，当年发生广告费400万元，上年度结转未扣除广告费60万元。已知企业发生的符合条件的广告费不超过当年销售收入15%的部分，准予扣除，超过部分，准予在以后纳税年度结转扣除。下列计算甲企业在计算2020年度企业所得税纳税所得额时，准予扣除广告费的算式中，正确的是(　　)。

A. 400-60=340(万元)　B. 3 000×15%+60=510(万元)
C. 3 000×15%=450(万元)　D. 400+60=460(万元)

**32.** 甲公司是我国居民企业，2020年甲公司自行研发无形资产发生费用化支出100万元。10月份，无形资产研发成功，入账价值500万元，2020年计提摊销10万元。2020年安置残疾人员支付工资8万元。根据上述描述，甲公司可以税前扣除的费用是(　　)万元。

A. 118　B. 175　C. 181　D. 208.5

**33.** 根据个人所得税法律制度的规定，以下所得需要按照工资、薪金所得征收个税的是(　　)。

A. 独生子女补贴　B. 托儿补助费　C. 差旅费津贴　D. 加班补贴

**34.** 甲公司员工赵某，2020年取得工资、薪金收入120 000元。当地规定的社会保险和住房公积金个人缴存比例为：基本养老保险8%，基本医疗保险2%，失业保险0.5%，住房公积金12%。赵某缴纳社会保险费核定的缴费工资基数为7 500。赵某当年应缴纳的个人所得税税额为(　　)元。

A. 0　B. 1 192.5　C. 1 455　D. 3 975

**35.** 非居民个人劳务报酬所得属于同一事项连续取得收入的，以(　　)取得的收入为一次计征个人所得税。

A. 每天　B. 每月　C. 每周　D. 每季

**36.** 根据企业所得税法的规定，下列对于来源于境内境外的所得确定原则不正确的是(　　)。

A. 股息、红利等权益性投资收益，按照收到所得的企业所在地确定
B. 提供劳务所得，按照劳务发生地确定
C. 不动产转让所得，按照不动产所在地确定
D. 销售货物所得，按照交易活动发生地确定

**37.** 根据企业所得税法的规定，下列关于收入确认条件说法中不正确的是(　　)。

A. 销售商品采用托收承付方式的，在办妥托收手续时确认收入
B. 销售商品采用预收款方式的，在发出商品时确认收入
C. 销售商品需要安装检验的，在购买方接受商品以及安装检验完成时确认收入
D. 销售商品采用支付手续费方式委托代销的，发出商品时确认收入

**38.** 根据企业所得税法的规定，下列税金不允许税前扣除的是（ ）。
A. 消费税　　B. 资源税
C. 土地增值税　　D. 允许抵扣的增值税

**39.** 根据企业所得税法的规定，不允许税前扣除的保险费是（ ）。
A. 按规定为员工缴纳的社会保险费
B. 为职工支付的商业保险费
C. 为特殊工种职工支付的人身安全保险费
D. 不超过职工工资总额5%的补充养老保险

**40.** 2020年10月，作家郭某取得出版图书的稿酬所得50 000元。郭某该笔稿酬所得应预扣预缴的个人所得税税额为（ ）。
A. 50 000×(1－20%)×70%×30%－2 000＝6 400(元)
B. 50 000×(1－20%)×70%×20%＝5 600(元)
C. 50 000×(1－20%)×20%＝8 000(元)
D. (50 000－800)×70%×20%＝6 888(元)

**41.** 根据个人所得税法律制度的规定，下列关于居民个人专项附加扣除说法正确的是（ ）。
A. 纳税人进行赡养老人专项附加扣除时，约定分摊优于指定分摊
B. 住房租金支出由签订租赁住房合同的承租人扣除
C. 纳税人及其配偶在一个纳税年度内可以同时分别享受住房贷款利息、住房租金和赡养老人专项附加扣除
D. 发生的首套住房贷款利息支出，扣除期限最长不超过120个月

**42.** 某境内居民企业2020年销售货物收入为3 000万元，固定资产处置净收益30万元，业务招待费支出40万元。根据企业所得税法律制度的规定，该企业在计算应纳税所得额时，准予在税前扣除的业务招待费支出为（ ）万元。
A. 40　　B. 15　　C. 24　　D. 10

**43.** 2020年9月，小张取得如下所得：从甲上市公司取得股息收入1 000元，小张已持有该公司股票5个月；从乙非上市公司取得股息收入1 500元，小张已持有该公司股票5年；取得银行储蓄存款利息2 500元。小张9月份应缴纳的个人所得税是（ ）元。
A. 400　　B. 250　　C. 750　　D. 1 000

**44.** 根据企业所得税法律制度的规定，下列关于企业所得税税前扣除的表述中，不正确的是（ ）。
A. 企业发生的合理的工资薪金支出，准予扣除
B. 企业发生的职工教育经费支出，不超过工资薪金总额2.5%的部分，准予在计算企业所得税应纳税所得额时扣除
C. 企业参加财产保险，按照规定缴纳的保险费，准予扣除

D. 企业发生的合理的劳动保护支出，准予扣除

**45.** 下列所得中，未规定可以以一个月内取得的收入为一次纳税的是(　　)。

A. 稿酬所得　　B. 劳务报酬所得　　C. 财产租赁所得　　D. 利息所得

**46.** 下列项目中，不属于稿酬所得的是(　　)。

A. 书画作品发表的所得　　B. 文学作品发表的所得

C. 摄影作品发表的所得　　D. 手稿原件拍卖的所得

**47.** 下列关于继续教育专项附加扣除的表述中，说法不正确的是(　　)。

A. 纳税人接受技能人员职业资格继续教育、专业技术人员职业资格继续教育支出，在取得相关证书的年度，按照每年 3 600 元定额扣除

B. 个人接受硕士学历继续教育，可以选择由父母扣除

C. 个人接受本科学历继续教育，可以选择由父母扣除

D. 纳税人的子女接受硕士学历教育，可以由子女父母一方按标准的 100% 扣除

**48.** 小型微利企业甲公司 2020 年应纳税所得额为 200 万元，则应缴纳企业所得税为(　　)万元。

A. 50　　B. 30　　C. 25　　D. 20

**49.** 2020 年某居民企业实现商品销售收入 2 000 万元，发生现金折扣 100 万元，接受捐赠收入 100 万元，转让固定资产所有权取得收入 20 万元。该企业当年实际发生业务招待费 30 万元，广告费 240 万元，业务宣传费 80 万元。当年度该企业可税前扣除的业务招待费、广告费、业务宣传费合计(　　)万元。

A. 294.5　　B. 310　　C. 325.5　　D. 330

**50.** 2020 年某居民企业主营业务收入 5 000 万元、营业外收入 80 万元，与收入配比的成本 4 100 万元，全年发生管理费用、销售费用和财务费用共计 700 万元，营业外支出 60 万元(其中符合规定的公益性捐赠支出 50 万元)，2019 年度经核定结转的亏损额 30 万元。2020 年度该企业应缴纳企业所得税(　　)万元。

A. 47.5　　B. 53.4　　C. 53.4　　D. 54.3

**51.** 下列项目中，可以免征个人所得税的是(　　)。

A. 个人为单位或他人提供担保获得收入　　B. 单位发放的加班补贴

C. 个人举报违法行为获得的奖金　　D. 民间借贷利息

**52.** 对于县级政府颁布的科学、教育、技术、文化、卫生、体育、环境保护等方面的奖金，应(　　)。

A. 免征个人所得税　　B. 适当减征个人所得税

C. 征收个人所得税　　D. 减半征收个人所得税

**53.** 2020 年，居民张教授共取得稿酬 60 000 元，在所任职的学校的讲课费为 7 000 元/月，已知张教授租房居住在北京。所需的专项附加扣除信息已按规定提交税务机关，并且符合要求(不考虑专项扣除)。根据个人所得税法律制度的规定，张教授应纳个人所得税(　　)元。

A. 864　　B. 1 560　　C. 360　　D. 1 440

**54.** 根据个人所得税法律制度的规定，下列说法不正确的是(　　)。

A. 两个或者两个以上的个人共同取得同一项目收入的，应当对每个人取得的收入分别

按照个人所得税法的规定计算纳税

B. 个体工商户、个人独资企业和合伙企业或个人从事种植业、养殖业、饲养业、捕捞业取得的所得，暂不征收个人所得税

C. 来源于一国(地区)的抵免限额为来源于该国的综合所得抵免限额、经营所得抵免限额、其他所得项目抵免限额之和

D. 扣缴义务人未将扣缴的税款解缴入库的，税务机关不能给纳税人办理退税

**55.** 个人出租房屋使用权取得的所得是(　　)。

A. 劳务所得　　B. 财产转让所得

C. 财产租赁所得　　D. 特许使用费所得

**56.** 根据企业所得税法律制度的规定，下列固定资产中，在计算企业所得税应纳税所得额时准予扣除折旧费的是(　　)。

A. 未投入使用的房屋　　B. 以经营租赁方式租入的固定资产

C. 未投入使用的机器设备　　D. 以融资租赁方式租出的固定资产

**57.** 2020 年某居民企业(为增值税一般纳税人)购买安全生产专用设备用于生产经营，取得普通发票上注明设备金额 11.3 万元。已知该企业 2018 年亏损 40 万元，2019 年所得 20 万元。2020 年度经审核的应纳税所得额 60 万元。2020 年度该企业实际应缴纳企业所得税为(　　)万元。

A. 6.83　　B. 8.87　　C. 9　　D. 10

**58.** 个人所得税的纳税义务人不包括(　　)。

A. 国有独资公司　　B. 个人独资企业投资者

C. 合伙企业个人合伙人　　D. 股份有限公司总经理

**59.** 依据个人所得税法律制度的规定，个人转让有价证券的所得，属于(　　)征税项目。

A. 偶然所得　　B. 财产转让所得

C. 股息红利所得　　D. 特许权使用费所得

**60.** 2020 年 9 月李某为某公司提供咨询服务，取得劳务报酬所得 6 000 元。李某当月该笔劳务报酬所得应预扣预缴的个人所得税税额为(　　)。

A. 6 000×(1－20%)×20%＝960(元)

B. (6 000－800)×20%＝1 040(元)

C. 6 000×(1－20%)×70%×20%＝672(元)

D. (6 000－800)×70%×20%＝708(元)

**61.** 下列情形中，不按照“偶然所得”征收个人所得税的是(　　)。

A. 个人为单位提供担保获得收入

B. 个人在其他企业的年会上获赠的礼品收入

C. 个人通过网络收购玩家的虚拟货币，加价后向他人出售取得的收入

D. 企业对累积消费达到一定额度的顾客给予额外抽奖机会，个人的获奖所得

**62.** 根据企业所得税法律制度的规定，在计算企业所得税应纳税所得额时，可以扣除的项目是(　　)。

A. 被没收财物的损失　　B. 税收滞纳金

C. 赞助支出　　D. 合同违约金

**63.** 个体工商户在计算个人所得税应纳税所得额时，可以扣除的项目是（　　）。

A. 个体工商户个人的工资薪金

B. 财产保险支出

C. 个体工商户为从业人员支付的商业保险

D. 在生产经营活动中发生的需要资本化的借款费用

**64.** 某企业于2020年5月5日开业，该企业的纳税年度时间为（　　）。

A. 2020年1月1日至2020年12月31日

B. 2020年5月5日至2021年5月4日

C. 2020年5月5日至2020年12月31日

D. 以上三种由纳税人选择

**65.** 马某2020年2月以个人名义购入境内上市公司股票，同年11月出售，持有期间取得股息9万元；从境内非上市公司取得股息10万元。下列计算马某股息所得应缴纳个人所得税税额的算式中，正确的是（　　）。

A. 9×50%＋10×20%＝2.9（万元）

B. (9＋10)×20%＝3.8（万元）

C. 9×20%＋10×50%×20%＝2.8（万元）

D. (9＋10)×50%×20%＝1.9（万元）

**66.** 个体工商户发生的下列支出中允许在个人所得税税前扣除的是（　　）。

A. 用于家庭的支出

B. 非广告性质赞助支出

C. 生产经营过程中发生的财产转让损失

D. 已缴纳的增值税税款

## 二、多项选择题

**1.** 根据企业所得税法律制度的规定，下列各项中，在计算企业所得税应纳税所得额时不得扣除的有（　　）。

A. 向投资者支付的红利

B. 企业内部营业机构之间支付的租金

C. 企业内部营业机构之间支付的特许权使用费

D. 未经核定的准备金支出

**2.** 根据企业所得税法律制度的规定，下列关于投资资产成本的表述中，正确的有（　　）。

A. 企业对外投资期间，投资资产的成本在计算应纳税所得额时可以扣除

B. 企业在转让或者处置投资资产时，投资资产的成本，不得扣除

C. 通过支付现金方式取得的投资资产，以购买价款为成本

D. 通过支付现金以外的方式取得的投资资产，以该资产的公允价值和支付的相关税费为成本

**3.** 下列有关企业所得税税率的说法中，正确的有（　　）。

A. 居民企业所得税的税率为25%

B. 非居民企业在中国境内未设立机构、场所的，其来源于中国境内的所得适用税率

为 20%

C. 符合条件的小型微利企业适用税率为 20%

D. 国家需要重点扶持的高新技术企业适用税率为 15%

**4.** 根据个人所得税法律制度的规定，下列各项所得适用 20%比例税率的有（ ）。

A. 工资、薪金所得　　B. 财产转让所得

C. 财产租赁所得　　D. 特许权使用费所得

**5.** 扣缴义务人向居民个人预扣预缴个人所得税时，适用 20%的比例预扣率的有（ ）。

A. 劳务报酬所得　　B. 稿酬所得

C. 特许权使用费所得　　D. 工资、薪金所得

**6.** 依据企业所得税法的规定，下列关于所得来源地的确定的说法，正确的有（ ）。

A. 销售货物所得按照交易活动发生地确定

B. 提供劳务所得按照提供劳务的企业或者机构、场所所在地确定

C. 不动产转让所得按照转让不动产的企业或者机构、场所所在地确定

D. 权益性投资资产转让所得按照被投资企业所在地确定

**7.** 依法成立且符合条件的集成电路设计企业和软件企业，在 2019 年 12 月 31 日前，自获利年度起计算优惠期，下列各项中，正确的有（ ）。

A. 第一年至第二年免征企业所得税

B. 第三年至第五年按照 25%的税率减半征收企业所得税

C. 第一年至第三年免征企业所得税

D. 第三年至第六年按照 25%的法定税率减半征收企业所得税

**8.** 企业实际发生的与取得收入有关的、合理的支出，准予在计算应纳税所得额时扣除。其中包括（ ）。

A. 企业生产的成本、费用　　B. 企业的税金

C. 企业的损失　　D. 赞助支出

**9.** 根据个人所得税法律制度的规定，需要办理汇算清缴的情形包括（ ）。

A. 在两处或者两处以上取得综合所得

B. 取得劳务报酬所得、稿酬所得、特许权使用费所得中一项或者多项所得

C. 纳税年度内预缴税额低于应纳税额的

D. 纳税人需要退税的，应当办理汇算清缴，申报退税

**10.** 根据个人所得税法律制度的规定，外籍个人取得的下列所得中，暂免征收个人所得税的有（ ）。

A. 以现金形式取得的住房补贴、伙食补贴、搬迁费、洗衣费

B. 按合理标准取得的境内、境外出差补贴

C. 取得的经当地税务机关审核批准为合理部分的语言训练费、子女教育费

D. 从外商投资企业取得的股息、红利所得

**11.** 个体工商户在计算个人所得税应纳税所得额时，可以扣除的项目表述中，正确的有（ ）。

A. 投资者家庭生活费准予扣除

B. 广告费和业务招待费准予扣除

C. 向其从业人员实际支付的合理的工资、薪金支出准予扣除

D. 不超过应税所得额 30%的公益性捐赠准予扣除

**12.** 根据个人所得税法律制度的规定，个人发生的下列公益、救济性捐赠支出，准予税前全额扣除的有(　　)。

A. 通过国家机关向红十字事业的捐赠

B. 通过国家机关向农村义务教育的捐赠

C. 通过非营利社会团体向公益性青少年活动场所的捐赠

D. 个人将其所得对教育公益慈善事业进行捐赠

**13.** 根据企业所得税法律制度的规定，甲公司取得的下列收入中，不免征企业所得税的有(　　)。

A. 财政拨款 1 000 万元

B. 从持股 6 个月的上市公司分取的股息 50 万元

C. 持有 2020 年发行的地方政府债券取得利息 20 万元

D. 持有 2020 年发行的铁路债券取得利息 5 万元

**14.** 根据企业所得税法的规定，下列属于生产性生物资产的有(　　)。

A. 经济林　　B. 薪炭林　　C. 产畜　　D. 役畜

**15.** 根据企业所得税法的规定，下列项目中，属于减半征收企业所得税的有(　　)。

A. 中药材的种植　　B. 花卉的种植

C. 远洋捕捞　　D. 海水养殖

**16.** 根据个人所得税法律制度的规定，下列各项中，不属于工资、薪金所得项目的有(　　)。

A. 劳动分红　　B. 托儿补助费

C. 独生子女补贴　　D. 误餐补助

**17.** 以下情形的房屋产权无偿赠与，对当事双方不征收个人所得税的有(　　)。

A. 房屋产权所有人将房屋产权无偿赠与配偶、父母、子女、祖父母、外祖父母、孙子女、外孙子女、兄弟姐妹

B. 房屋产权所有人将房屋产权无偿赠与对其承担直接抚养或者赡养义务的抚养人或者赡养人

C. 房屋产权所有人将房屋产权无偿赠与慈善机构

D. 房屋产权所有人死亡，依法取得房屋产权的法定继承人、遗嘱继承人或者受遗赠人

**18.** 根据个人所得税法律制度的规定，下列各项中，不需要缴纳个人所得税的有(　　)。

A. 离退休人员从社保部门领取的养老金

B. 个人获得的企业债券利息

C. 个人取得的保险赔款

D. 个人提取由单位和个人共同缴付的住房公积金

**19.** 根据个人所得税法律制度的规定，下列各项中，免征个人所得税的有(　　)。

A. 军人的退役金　　B. 残疾人员的所得

C. 保险赔款　　D. 福利费

**20.** 根据企业所得税法的规定，在计算企业所得税应纳税所得额时，除国务院财政、税务主管部门另有规定外，有关费用支出不超过规定比例的准予扣除，超过部分，准予在以后

纳税年度结转扣除，有关费用包括（　　）。

A. 业务招待费　　B. 广告费和业务宣传费

C. 职工教育经费　　D. 工会经费

**21.** 根据企业所得税法律制度的规定，下列各项中，应视同销售货物的有（　　）。

A. 将货物用于捐赠　　B. 将货物用于偿债

C. 将货物用于广告　　D. 将货物用于赞助

**22.** 根据个人所得税法律制度的规定，下列收入中，应并入居民个人“综合所得”计缴个人所得税的有（　　）。

A. 劳动分红　　B. 出版画作取得的所得

C. 从电视剧制作中心取得剧本使用费　　D. 转让房屋取得的所得

**23.** 根据个人所得税法律制度的规定，下列关于个人所得税收征管中纳税期限的规定中，正确的有（　　）。

A. 纳税人因移居境外注销中国户籍的，应当在注销中国户籍前办理税款清算

B. 非居民个人取得工资、薪金所得，劳务报酬所得，稿酬所得和特许权使用费所得，有扣缴义务人的，由扣缴义务人按月或者按次代扣代缴税款，并办理汇算清缴

C. 纳税人取得经营所得，按年计算个人所得税，由纳税人在月度或者季度终了后 30 日内向税务机关报送纳税申报表，并预缴税款

D. 居民个人取得综合所得，按年计算个人所得税；有扣缴义务人的，由扣缴义务人按月或者按次预扣预缴税款

**24.** 根据企业所得税法的规定，不得提取折旧在税前扣除的固定资产的有（　　）。

A. 接受投资的固定资产　　B. 未投入使用的房屋、建筑物

C. 已提足折旧继续使用的固定资产　　D. 与经营活动无关的固定资产

**25.** 根据个人所得税法律制度的规定，下列项目按照“偶然所得”计算缴纳个人所得税的有（　　）。

A. 为他人提供担保获得的收入

B. 受赠人因无偿受赠房屋取得的受赠收入

C. 企业在业务宣传活动中，随机向本单位以外的个人赠送的网络红包

D. 企业对累积消费达到一定额度的顾客，给予额外抽奖机会，个人的获奖所得

**26.** 根据个人所得税法律制度的规定，个人取得的下列收入中，应按照“劳务报酬所得”税目计缴个人所得税的有（　　）。

A. 从非雇佣企业取得的培训收入　　B. 企业发放的全勤奖

C. 从非雇佣企业取得的咨询收入　　D. 从任职单位领取的加班费

**27.** 根据企业所得税法律制度的规定，企业依照国务院有关主管部门或省级人民政府规定范围和标准为职工缴纳的下列费用中，在计算企业所得税应纳税所得额时准予扣除的有（　　）。

A. 基本医疗保险费　　B. 企业财产保险

C. 工伤保险费　　D. 住房公积金

**28.** 根据企业所得税法的规定，下列关于特殊收入确认的说法中，正确的有（　　）。

A. 以分期收款方式销售货物的，按照合同约定的收款日期确认收入的实现

B. 企业受托加工制造大型机械设备、船舶、飞机等，持续时间超过12个月，按照纳税年度内完工进度或完成的工作量确认收入的实现

C. 采取产品分成方式取得收入的，按照企业分得产品的日期确认收入的实现，其收入按照产品的公允价值确定

D. 企业发生非货币性资产交换。以及将货物、财产、劳务用于捐赠、偿债、赞助等用途的，应当视同销售货物、转让财产或提供劳务

**29.** 某居民企业2020年已计入成本费用中的全年实发的合理工资薪金总额80 000元，营业收入200 000元，实现利润总额150 000元，实际拨缴的工会经费1 800元，实际发生的职工福利费12 000元，职工教育经费2 500元。下列关于甲企业在计算企业所得税应纳税所得额时，税务处理错误的有（　）。

A. 职工福利费应调减应纳税所得额800元

B. 职工教育经费不需要调整应纳税所得额

C. 工会经费应调增应纳税所得额100元

D. 三项经费允许税前扣除的金额合计为19 200元

**30.** 根据企业所得税相关法律制度，下列说法中正确的有（　）。

A. 以经营租赁方式租入固定资产发生的租赁费支出，按照规定构成固定资产的价值部分提取的折旧费可以分期扣除

B. 以融资租赁方式租入固定资产发生的租赁费支出，租赁费按照租赁期限均匀扣除

C. 企业转让各类固定资产发生的费用允许扣除

D. 企业发生的合理的劳动保护支出，准予扣除

**31.** 根据企业所得税法律制度的规定，下列各项中，表述不正确的有（　）。

A. 企业在筹建期间，发生的与筹办活动有关的业务招待费支出，可按实际发生额的60%计入企业筹办费，并按有关规定在税前扣除

B. 企业在筹建期间，发生的与筹办活动有关的业务招待费支出，可按实际发生额计入企业筹办费，并按有关规定在税前扣除

C. 企业在筹建期间，发生的广告费和业务宣传费，可按实际发生额的60%计入企业筹办费，并按有关规定在税前扣除

D. 企业在筹建期间，发生的广告费和业务宣传费，可按实际发生额的15%计入企业筹办费，并按有关规定在税前扣除

**32.** 根据个人所得税法律制度的规定，下列说法正确的有（　）。

A. 财产租赁所得，以一个月内取得的收入为一次

B. 利息所得，以支付时取得的收入为一次

C. 偶然所得，以每次取得的该项收入为一次

D. 非居民个人取得的劳务报酬所得、稿酬所得、特许权使用费所得，以取得该项收入为一次

**33.** 根据个人所得税法律制度的规定，下列说法正确的有（　）。

A. 纳税人同时从两处以上取得工资、薪金所得，并由扣缴义务人办理专项附加扣除的，对同一专项附加扣除项目，纳税人只能选择从其中一处扣除

B. 纳税人申请退税，应当提供其在中国境内开设的银行账户，并在汇算清缴地就地办

理税款退库

C. 扣缴义务人向个人支付应税款项时，应当依照个人所得税法规定预扣或代扣税款。“支付”只包括现金支付、汇拨支付、转账支付

D. 税务机关发现纳税人提供虚假信息的，应当责令改正并通知扣缴义务人；情节严重的，有关部门应当依法予以处理，纳入信用信息系统并实施联合惩戒

**34.** 下列各项中，在计算个人所得税时，属于全额计算的有（　　）。

A. 居民个人取得的股票期权　　B. 个人领取的职业年金

C. 个人取得的通信补贴收入　　D. 退休人员再任职取得的收入

**35.** 我国企业所得税的税收优惠包括（　　）。

A. 免税收入　　B. 加计扣除

C. 减计收入　　D. 税额抵免

**36.** 下列各项中，不得在企业所得税税前扣除的有（　　）。

A. 自创商誉的摊销

B. 未投入使用的机器设备计提的折旧

C. 以融资租赁方式租入的固定资产计提的折旧

D. 单独估价作为固定资产入账的土地计提的折旧

**37.** 下列所得中，不缴纳个人所得税的有（　　）。

A. 保险赔款　　B. 购物获得的赠品

C. 区（县）级人民政府给予的奖励　　D. 股票转让所得

**38.** 居民纳税人发生下列情形，应当依法办理纳税申报的有（　　）。

A. 居民个人取得工资需要办理汇算清缴

B. 因移居境外注销中国户籍

C. 出版社未扣缴税款的稿酬所得

D. 居民个人从境外取得股息所得

**39.** 企业所得税法规定的“转让财产收入”包括转让（　　）取得的收入。

A. 无形资产　　B. 生物资产　　C. 股权　　D. 债权

**40.** 以下关于企业所得税收入确认时间的表述正确的有（　　）。

A. 股息、红利等权益性投资收益，按照投资方收到分配金额的日期确认收入的实现

B. 利息收入，按照合同约定的债务人应付利息的日期确认收入的实现

C. 租金收入，在实际收到租金收入时确认收入的实现

D. 接受捐赠收入，在实际收到捐赠资产时确认收入的实现

**41.** 在计算企业应纳税所得额时不得扣除的项目有（　　）。

A. 企业赴灾区直接给灾民的现金救济支出

B. 利润分红支出

C. 企业违反销售协议被采购方索取的违约金

D. 违反食品卫生法被政府处以的罚款

**42.** 下列各项所得中，免征个人所得税的有（　　）。

A. 个人举报犯罪行为获得的奖金　　B. 个人办理代扣代缴税款取得的手续费

C. 退休人员再任职取得的收入　　D. 个人取得福利彩票中奖收入 1 000 元

**43.** 根据个人所得税法律制度的规定，下列说法不正确的有（　　）。

A. 纳税人继续教育支出只能由本人按照继续教育支出扣除

B. 纳税人只能享受一次首套住房贷款的利息扣除

C. 纳税人在一个纳税年度内可以享受符合规定的住房贷款利息和住房租金专项附加扣除

D. 进行住房租金专项附加扣除时，纳税人应当留存住房租赁合同

**44.** 个人所得税的纳税人包括（　　）。

A. 个体工商户　　B. 合伙企业投资者

C. 在内地有所得的香港同胞　　D. 个人独资企业投资者

**45.** 根据企业所得税法的规定，我国居民企业的判断标准有（　　）。

A. 登记注册地标准　　B. 实际管理机构所在地标准

C. 收入来源地标准　　D. 经营活动地标准

**46.** 根据企业所得税法律制度的规定，下列关于企业所得税纳税人的表述中，正确的有（　　）。

A. 在境外成立的企业均属于非居民企业

B. 在境内成立但有来源于境外所得的企业属于居民企业

C. 依照外国法律成立，实际管理机构在中国境内的企业属于居民企业

D. 依照外国法律成立，实际管理机构不在中国境内且在中国境内未设立机构、场所，但有来源于中国境内所得的企业属于非居民企业

**47.** 在中国境内无住所、但在华居住满 5 年的个人，从第 6 年起的以后年度中（　　）。

A. 不论在境内居住是否累计满 183 天，都应当就其来源于境内、境外的所得申报纳税

B. 在前 5 年的任一年度未单次离境超过 30 天，第 6 年度在境内居住满 183 天的，应当就其来源于境内、境外的所得申报纳税

C. 第 4 年居住满 183 天，但单次离境超过 30 天，第 6 年度来源于中国境外且由境外单位或者个人支付的所得，免予缴纳个人所得税

D. 第 4 年单次离境超过 30 天，重新计算 5 年居住期

**48.** 下列各项中，属于可免征个人所得税的个人所得的有（　　）。

A. 按规定比例提取的住房公积金　　B. 个人取得的通信补贴收入

C. 个人取得的教育储蓄存款利息所得　　D. 按规定比例提取的医疗保险金

**49.** 根据个人所得税法律制度的规定，下列属于“劳务报酬所得”项目的有（　　）。

A. 大学教授从企业取得咨询费

B. 公司高管从大学取得的讲课费

C. 自由职业设计师从家装公司取得的设计费

D. 编剧从电视剧制作单位取得的剧本使用费

**50.** 下列各项中，在 2021 年 12 月 31 日前，在计算个人所得税时，不并入当年综合所得的有（　　）。

A. 居民个人取得的全年一次性奖金　　B. 居民个人取得的限制性股票

C. 个人领取的企业年金　　D. 解除劳动关系取得的一次性补偿收入

**51.** 以下应按照“利息、股息、红利所得”项目征收个人所得税的有（　　）。

A. 个人购买上市公司股票得到的股利分红
B. 合伙企业的个人投资者以企业资金为本人购买住房
C. 股份有限公司的个人投资者以企业资金为本人购买汽车
D. 单位经批准向个人集资支付的集资利息

**52.** 以下应按照“财产转让所得”项目征收个人所得税的有(　　)。
A. 个人转让债券取得的所得
B. 个人转让住房取得的所得
C. 个人通过网络收藏虚拟货币,加价后向他人出售取得的所得
D. 个人将自己的文字作品手稿拍卖取得的所得

**53.** 根据企业所得税法律制度的规定,下列固定资产折旧的处理中,不正确的有(　　)。
A. 甲企业2020年3月5日购进一台起重机,2020年4月5日投入使用,应当自2020年4月起计算折旧
B. 丙企业2020年4月1日以融资租赁方式租出一架小型喷气式飞机,之后继续对该飞机计提折旧
C. 乙企业因生产经营调整,于2020年10月1日停止使用一批设备,应当自2020年11月起停止计算折旧
D. 丁企业2020年9月以经营租赁方式租入一辆大型巴士,在计算企业所得税时,对该巴士计提折旧

**54.** 下列关于固定资产确定计税基础的表述中,正确的有(　　)。
A. 通过捐赠、投资、非货币性资产交换等方式取得的应以重置完全价值为计税基础
B. 自行建造的以竣工结算前发生的支出为计税基础
C. 以债务重组方式取得的以公允价值和支付的相关税费为计税基础
D. 融资租入的,如果合同未约定付款总额,以该资产的市场价值和承租人在签订租赁合同过程中发生的相关费用为基础

**55.** 根据企业所得税法律制度的规定,以下企业适用25%税率的有(　　)。
A. 在中国境内的居民企业
B. 在中国境内设有机构场所且所得与机构场所有关联的非居民企业
C. 在中国境内设有机构场所但所得与机构场所没有实际联系的非居民企业
D. 在中国境内未设立机构场所的非居民企业

**56.** 2020年甲企业取得销售收入8 000万元,当年发生的与生产经营相关的业务招待费60万元,上年因超支在税前未能扣除的与生产经营相关的业务招待费支出5万元;当年发生的与生产经营相关的广告费500万元,上年因超支在税前未能扣除的符合条件的广告费200万元。根据企业所得税法律制度的规定,甲企业在计算当年应纳税所得额时,下列关于业务招待费和广告费准予扣除数额的表述中,正确的有(　　)。
A. 业务招待费准予扣除的数额为40万元
B. 业务招待费准予扣除的数额为36万元
C. 广告费准予扣除的数额为700万元
D. 广告费准予扣除的数额为500万元

## 三、判断题

1. 企业已经确认销售收入的售出商品发生销售折让和销售退回，应当在确认销售折让和商品退回时冲减当期销售商品收入。（　　）
2. 根据规定，退休人员再任职取得的收入免征个人所得税。（　　）
3. 对于企业在改制过程中职工个人以股份形式取得的仅作为分红依据，不拥有所有权的企业量化资产，应按“利息、股息、红利所得”项目征收个人所得税。（　　）
4. 单位按低于购置或建造成本价格出售住房给职工，职工因此而少支出的差价部分并入当年综合所得计算纳税。（　　）
5. 对个人独资企业投资者取得的生产经营所得应征收企业所得税，不征收个人所得税。（　　）
6. 在计算应纳税所得额时，企业财务、会计处理方法与税收法律法规的规定不一致的，应当按照会计准则的规定计算。（　　）
7. 个人取得专利赔偿所得，应按“偶然所得”项目缴纳个人所得税。（　　）
8. 个人根据国家有关政策规定缴付的年金个人缴费部分，在不超过本人缴费工资计税基数的5%标准内的部分，暂从个人当期的应纳税所得额中扣除。（　　）
9. 股票转让所得暂不征收个人所得税，但是个人转让限售股取得的所得，按照“财产转让所得”项目征收个人所得税。（　　）
10. 根据企业所得税法律制度的规定，房屋、建筑物最低折旧年限为10年。（　　）
11. 在中国设立机构、场所且取得的所得与机构、场所有实际联系的非居民企业适用的企业所得税税率是10%。（　　）
12. 李某参加超市开业庆典活动获赠的五折优惠券，应依法缴纳个人所得税。（　　）
13. 依照外国法律成立，实际管理机构不在中国境内但在中国境内设立机构、场所的企业属于非居民企业。（　　）
14. 股息、红利等权益性投资收益，除国务院财政、税务主管部门另有规定外，按照实际收到股息、红利的日期确认收入的实现。（　　）
15. 利息收入应按照实际收到利息的日期确认收入的实现。（　　）
16. 企业接受捐赠的收入应按照捐赠方作出捐赠决策的日期确认收入的实现。（　　）
17. 国有企业纳入管理费用的党组织工作经费，可以据实在企业所得税税前扣除。（　　）
18. 个人根据国家有关政策规定缴付的年金个人缴费部分，超过本人缴费工资计税基数的4%标准内的部分，应并入个人当期的工资、薪金所得，依法计征个人所得税。（　　）
19. 企业在货币交易中，以及纳税年度终了时将人民币以外的货币性资产、负债按照期末即期人民币汇率中间价折算时产生的汇兑损失准予扣除。（　　）
20. 企业职工因公出差乘坐交通工具发生的人身意外保险费支出，准予企业在计算企业所得税应纳税所得额时扣除。（　　）
21. 非公有制企业党组织工作经费，不得在企业所得税前扣除。（　　）
22. 社区提供养老、托育、家政等服务的机构，提供社区养老、托育、家政服务取得的收入，在计算应纳税所得额时，第一年至第二年免征企业所得税，第三年至第五年按照25%的税率减半征收企业所得税。（　　）
23. 个人独资企业、合伙企业给投资者或其亲属购买住房，按照“经营所得”计算缴纳个人所

得税；个人独资企业、合伙企业以外的企业给投资者购买住房，按照“利息、股息、红利”所得计算缴纳个人所得税。 （ ）

**24.** 自 2019 年 1 月 1 日至 2022 年 12 月 31 日，符合规定的用于目标脱贫地区的扶贫捐赠支出，不超过年度利润总额 12%的部分，在计算应纳税所得额时准予扣除。 （ ）

**25.** 根据企业所得税法的规定，企业通过公益性社会团体或者县级以上人民政府及其部门对红十字事业的捐赠、农村义务教育的捐赠、公益性青少年的捐赠可以全额税前扣除。 （ ）

**26.** 企业依照法律、行政法规有关规定提取的用于环境保护、生态恢复等方面的专项资金准予扣除。上述专项资金改变用途后，依旧可以扣除。 （ ）

**27.** 企业应当自生产性生物资产投入使用月份的当月起计算折旧，停止使用的生产性生物资产应当自停止使用的当月起停止计算折旧。 （ ）

**28.** 经营性文化事业单位转制为企业，自转制注册之日起五年内按照 25%的税率减半征收企业所得税。 （ ）

**29.** 在中国境内无住所的个人，在中国境内居住累计满 183 天的年度连续不满六年的，经向主管税务机关备案，其来源于中国境外的所得，免予缴纳个人所得税。 （ ）

**30.** 企业应纳税所得额的计算，以权责发生制为原则。 （ ）

**31.** 根据个人所得税法律制度的规定，一人有限责任公司不属于个人所得税纳税人。 （ ）

**32.** 居民个人取得工资薪金所得、劳务报酬所得、稿酬所得、特许权使用费所得，应按月合并计算个人所得税。 （ ）

**33.** 李某在一次有奖购物抽奖中，购买了价值 3 000 元电视机并抽中“特别奖”，金额为 1 000 元。李某应缴纳个人所得税税额为 200 元。 （ ）

**34.** 作者将自己的文字作品手稿原件或复印件拍卖取得的所得，属于提供著作权的使用所得，故应按稿酬所得项目征收个人所得税。 （ ）

**35.** 甲县人民政府为李某颁发的环境保护方面的奖金，免征个人所得税。 （ ）

**36.** 利息、股息、红利所得、财产转让所得，以收入全额为个人所得税应纳税所得额。 （ ）

**37.** 企业发生的职工福利费支出，不超过工资薪金总额 2%的部分，准予扣除。 （ ）

## 四、不定项选择题

**1.** 甲公司为居民企业，主要从事医药制造与销售业务，2020 年有关经营情况如下：

(1) 药品销售收入 5 000 万元，房屋租金收入 200 万元，许可他人使用本公司专利特许权使用费收入 1 000 万元，接受捐赠收入 50 万元。

(2) 缴纳增值税 325 万元，城市维护建设税和教育费附加 32.5 万元，房产税 56 万元，印花税 3.9 万元。

(3) 捐赠支出 90 万元，其中通过公益性社会团体向受灾地区捐款 35 万元、直接向丙大学捐款 55 万元；符合条件的广告费支出 2 100 万元。

(4) 全年利润总额为 480 万元已知公益性捐赠支出，在年度利润总额 12%以内的部分，准予扣除，医药制造业企业发生的广告费和业务宣传费支出，不超过当年销售（营业）收入 30%的部分，准予扣除。

要求：根据上述资料，不考虑其他因素，分析回答下列小题。

(1) 甲公司的下列收入中，应计入2020年度企业所得税收入总额的是(　　)。

A. 房屋租金收入200万元　　B. 药品销售收入5 000万元

C. 接受捐赠收入50万元　　D. 特许权使用费收入1 000万元

(2) 下列各项中，在计算甲公司2020年度企业所得税应纳税所得额时，准予扣除的是(　　)。

A. 印花税3.9万元

B. 增值税325万元

C. 房产税56万元

D. 城市维护建设税和教育费附加32.5万元

(3) 在计算甲公司2020年度企业所得税应纳税所得额时，准予扣除的捐赠支出是(　　)万元。

A. 35　　B. 90　　C. 57.6　　D. 55

(4) 计算甲公司2020年度企业所得税应纳税所得额时，准予扣除的广告费支出是(　　)万元。

A. 2 100　　B. 1 815　　C. 1 560　　D. 1 860

**2.** 张某任职于国内某化妆品公司，为我国居民纳税人，2020年全年取得的收入如下：

(1) 从化妆品公司取得基本工资12 000元/月，加班工资1 000元/月，独生子女费补贴200元/月，差旅费津贴1 800元/月，误餐补助500元/月。

(2) 12月份出租居住用房获得租金3 500元，当月发生修理费1 000元。

(3) 购买赈灾彩票中奖收入20 000元，将8 000元对扶贫公益慈善事业进行捐赠。

(4) 转让境内上市公司股票，取得转让收入5 000元；取得A股股息收入500元(持股8个月)。

(5) 取得国债利息收入1 000元。

(6) 为某公司提供经纪服务，取得报酬24 000元。

已知：当地规定的社会保险和住房公积金个人缴存比例为：基本养老保险8%，基本医疗保险2%，失业保险0.5%，住房公积金12%，社保部门核定张某社会保险费的缴费工资基数为10 000元。

张某为独生女，其独生子正就读于高中二年级；张某当年接受计算机专业技术人员职业资格继续教育，并取得相关证书，支出为5 000元，经约定符合条件的子女教育专项附加扣除由张某一方按标准的100%扣除，继续教育专项附加扣除由张某本人扣除。

要求：根据上述资料，不考虑其他因素，分析回答下列问题。

(1) 属于张某的"工资、薪金所得"应税项目的是(　　)。

A. 基本工资　　B. 加班工资

C. 独生子女费补贴　　D. 误餐补贴

(2) 2020年全年应缴纳个人所得税中属于综合所得的金额是(　　)元。

A. 4 560　　B. 4 800　　C. 4 600　　D. 4 740

(3) 张某12月份出租居住用房获得租金应缴纳个人所得税的计算公式是(　　)。

A. (3 500－1 000－800)×20%　　B. (3 500－1 000－800)×10%

C. (3 500－800－800)×20%　　　　D. (3 500－800－800)×10%

(4) 张某购买赈灾彩票中奖后并将该收入进行部分捐赠，需要缴纳的个税金额为(　　)元。

A. 0　　　　C. 2 400　　　　B. 2 800　　　　D. 1 440

(5) 张某取得下列收入中，属于应税收入的是(　　)。

A. 转让境内上市公司股票，取得转让收入 5 000 元

B. 取得 A 股股息收入 500 元(持股 8 个月)

C. 取得国债利息收入 1 000 元

D. 为某经纪公司提供服务，取得报酬 24 000 元

**3.** 某居民企业主要生产销售家用冰箱，计入成本、费用中的企业生产经营部门员工的合理的实发工资 540 万元，当年发生的工会经费 15 万元、职工福利费 70 万元、职工教育经费 16 万元。

要求：根据上述资料，回答下列问题。

(1) 该企业职工工会经费(　　)。

A. 按照实际发生额扣除

B. 按照不超过工资薪金总额 2%的部分准予扣除，超过部分不得扣除

C. 按照不超过工资薪金总额 2.5%的部分准予扣除，超过部分不得扣除

D. 可以扣除 10.8 万元

(2) 该企业职工福利费(　　)。

A. 按照不超过工资薪金总额 14%的部分准予扣除，超过部分不得扣除

B. 按照不超过工资薪金总额 14%的部分准予扣除，超过部分准予在以后纳税年度结转扣除

C. 按照实际发生额全额扣除

D. 可以扣除 75.6 万元

(3) 该企业职工教育经费(　　)。

A. 按照不超过工资薪金总额 8%的部分准予扣除，超过的部分准予在以后纳税年度结转扣除

B. 可以扣除的数额为 13.5 万元

C. 按照不超过工资薪金总额 8%的部分准予扣除，超过的部分不得扣除

D. 可以扣除 16 万元

(4) 根据上述题目选项，该企业应调增应纳税所得额(　　)万元。

A. 0　　　　B. 2.5　　　　C. 4.2　　　　D. 6.7

**4.** 甲公司为我国境内居民企业。2020 年有关收支情况如下：

(1) 取得产品销售收入 5 000 万元，转让机器设备收入 40 万元、国债利息收入 20 万元，客户合同违约金收入 2 万元。

(2) 支付税收滞纳金 3 万元、银行加息 10 万元，向投资者支付股息 30 万元，同关联企业支付管理费 17 万元。

(3) 发生业务招待费 50 万元，其他可任企业所得税前扣除的成本、费用、投量合计 2 600 万元。

要求：根据上述资料，分析回答下列问题。

（1）甲公司下列收入中，应计入企业得税应纳税所得额的是（　　）。

A. 转让机器设备收入 40 万元

B. 产品销售收入 5 000 万元

C. 客户合同违约金收入 2 万元

D. 国债利息收入 20 万元

（2）甲公司下列支出中，在计算 2020 年度企业所得税应纳税所得额时，不得扣除的是（　　）。

A. 税收滞纳金 3 万元

B. 银行加息 10 万元

C. 向关联企业支付的管理费 17 万元

D. 向投资者支付的股息 30 万元

（3）甲公司在计算 2020 年应纳税所得额时，允许扣除的业务招待费是（　　）万元。

A. 50　　B. 25.2　　C. 30　　D. 25

（4）甲公司 2020 年度企业所得税应纳税所得额是（　　）万元。

A. 2 352　　B. 2 387.69

C. 2 407　　D. 2 406.8

**5.** 甲公司为居民企业，2020 年度相关财务收支情况如下：

（1）销售商品收入 400 万元，出售一栋厂房收入 200 万元，国债利息收入 5 万元。接受捐赠收入 10 万元。

（2）税收滞纳金 2 万元，赞助支出 20 万元，被没收财物的损失 15 万元，合同违约金 50 万元。

（3）其他可在企业所得税前扣除的成本，费用、税金合计 300 万元。

已知：甲公司 2020 年在境内 A 市登记注册成立，企业所得税实行按月预缴。

要求：根据上述资料，不考虑其他因素，分析回答下列问题。

（1）甲公司取得的下列收入中，属于免税收入的是（　　）。

A. 销售商品收入 400 万元　　B. 出售一栋厂房收入 200 万元

C. 国债利息收入 5 万元　　D. 接受捐赠收入 10 万元

（2）甲公司在计算 2020 年度企业所得税应纳税所得额时，不得扣除的项目是（　　）。

A. 税收滞纳金 2 万元　　B. 赞助支出 20 万元

C. 被没收财物的损失 15 万元　　D. 合同违约金 50 万元

（3）甲公司 2020 年度企业所得税应纳税所得额是（　　）万元。

A. 260　　B. 290　　C. 295　　D. 315

（4）下列关于甲公司企业所得税征收管理的表述中，正确的是（　　）。

A. 甲公司应当自 2020 年度终了之日起 5 个月内，向税务机关报送年度企业所得税申报表，并汇算清缴

B. 甲公司企业所得税的纳税地点为 A 市

C. 甲公司应当于每月终了之日起 15 日内，向税务机关预缴企业所得税

D. 甲公司 2020 年的纳税年度自 2020 年 1 月 1 日起至 2020 年 12 月 31 日止

# 第六章　其他税收法律制度

## 本章知识框架

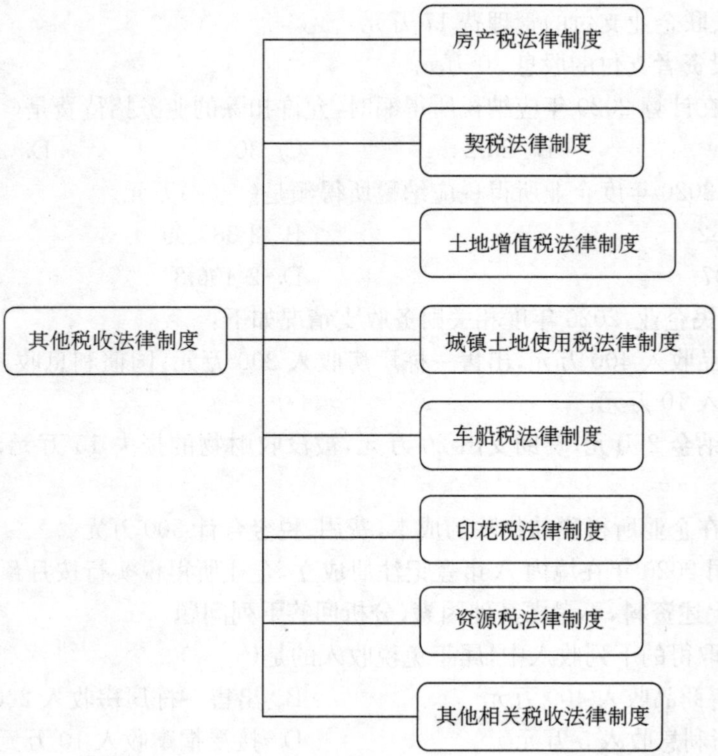


## 本章强化训练

### 一、单项选择题

**1.** 关于房产税的免税规定，下列各项中，表述不正确的是（　　）。

A. 对高校学生公寓免征房产税

B. 对非营利性医疗机构自用的房产免征房产税

C. 个人所有非营业用房产免征房产税

D. 应税房产因大修停用 3 个月以上的，在大修期间可免征房产税

**2.** 甲公司开发一项房地产项目，取得土地使用权支付的金额为 1 000 万元，发生开发成本 6 000万元，发生开发费用 2 000 万元，其中，利息支出 900 万元无法提供金融机构贷款

利息证明。已知，当地房地产开发费用的计算扣除比例为10%。甲公司计算缴纳土地增值税时，可以扣除的房地产开发费用为(　　)。

A. 2 000－900＝1 100(万元)　　B. 6 000×10%＝600(万元)

C. 2 000×10%＝200(万元)　　D. (1 000＋6 000)×10%＝700(万元)

**3.** 根据土地增值税法律制度的规定，下列各项中，在计算(新建房项目)土地增值税计税依据时不允许扣除的是(　　)。

A. 在转让房地产时缴纳的城市维护建设税

B. 纳税人为取得土地使用权所支付的地价款

C. 土地征用及拆迁补偿费

D. 超过贷款期限的利息部分

**4.** 根据土地增值税法律制度的规定，下列各项中，不属于纳税人应当进行土地增值税清算的是(　　)。

A. 直接转让土地使用权的

B. 房地产开发项目全部竣工、完全销售的

C. 整体转让未竣工决算房地产开发项目的

D. 取得销售(预售)许可证满3年仍未销售完毕的

**5.** 根据契税法律制度的规定，下列各项中，属于契税纳税义务人的是(　　)。

A. 土地、房屋抵债的抵债方　　B. 房屋赠与中的受赠方

C. 房屋赠与中的赠与方　　D. 土地、房屋投资的投资方

**6.** 根据契税法律制度的规定，下列各项中，不属于契税纳税人的是(　　)。

A. 出售房屋的个人　　B. 受赠土地使用权的企业

C. 购买房屋的个人　　D. 受让土地使用权的企业

**7.** 根据契税法律制度的规定，下列行为中，不属于契税征税范围的是(　　)。

A. 房屋买卖　　B. 房屋互换

C. 房屋租赁　　D. 房屋赠与

**8.** 根据土地增值税法律制度的规定，下列各项中，属于土地增值税纳税人的是(　　)。

A. 承租商铺的赵某　　B. 出让国有土地使用权的某市政府

C. 接受房屋捐赠的某学校　　D. 转让厂房的某企业

**9.** 根据土地增值税法律制度的规定，下列行为中，应缴纳土地增值税的是(　　)。

A. 甲企业将自有厂房出租给乙企业

B. 丙企业转让国有土地使用权给戊企业

C. 某市政府出让国有土地使用权给丁房地产开发商

D. 戊软件开发公司将闲置房屋通过民政局捐赠给养老院

**10.** 下列各项中，应当缴纳土地增值税的是(　　)。

A. 继承房地产　　B. 以房地产作抵押向银行贷款

C. 出售房屋　　D. 出租房屋

**11.** 旧房及建筑物的转让中，其重置成本价由(　　)评定。

A. 土地管理局　　B. 房管局

C. 房地产评估机构　　D. 资产评估事务所

12. 土地增值税的纳税人转让的房地产坐落在两个或两个以上地区的,应(　　)。
A. 向纳税人所在地税务机关申报纳税
B. 向房地产所在地的共同上一级税务机关申报纳税
C. 选择房地产所在地的某一方税务机关申报纳税
D. 按房地产所在地分别申报纳税

13. 根据城镇土地使用税法律制度的规定,下列土地中,不属于城镇土地使用税征税范围的是(　　)。
A. 城市土地　B. 县城土地　C. 农村土地　D. 建制镇土地

14. 几个单位共同拥有一块土地使用权,则城镇土地使用税的纳税人为(　　)。
A. 对这块土地拥有使用权的每一个单位
B. 税务机关核定的单位
C. 其主管部门
D. 其中实际占用土地面积最大的单位

15. 在同一省管辖范围内,纳税人跨地区使用土地,其城镇土地使用税的纳税地点是(　　)。
A. 在纳税人注册地纳税　B. 在土地所在地纳税
C. 由纳税人选择纳税地点　D. 由省税务局确定

16. 根据城镇土地使用税法律制度的规定,下列土地中,免征城镇土地使用税的是(　　)。
A. 市区公园内附设照相馆使用的土地
B. 县城水电站的发电厂房用地
C. 市政街道的公共用地
D. 盐场的生产厂房用地

17. 根据车船税法律制度的规定,下列车辆中,免征车船税的是(　　)。
A. 建筑公司专用作业车　B. 人民法院警务用车
C. 商场管理部门用车　D. 物流公司货车

18. 根据车船税法律制度的规定,下列各项中,免征车船税的是(　　)。
A. 家庭自用的纯电动乘用车　B. 国有企业的公用汽油动力乘用车
C. 外国驻华使领馆的自用商务车　D. 个体工商户自用摩托车

19. 甲公司与乙公司签订买卖合同,合同约定丙为担保人,丁为鉴定人。下列关于该合同印花税纳税人的表述中,正确的是(　　)。
A. 甲、乙、丙和丁为纳税人　B. 甲、乙和丁为纳税人
C. 甲、乙为纳税人　D. 甲、乙和丙为纳税人

20. 根据印花税法律制度的规定,以件数作为计税依据缴纳印花税的是(　　)。
A. 产权转移书据　B. 权利、许可证照
C. 买卖合同　D. 运输合同

21. 下列各项中,关于印花税计税依据说法不正确的是(　　)。
A. 买卖合同中记载的支付价款
B. 财产租赁合同中的租赁金额
C. 货物运输合同中的运输费用(运费收入)

D. 借款合同中的借款本利合计金额

**22.** 根据资源税法律制度的规定，下列资源产品中，不征收资源税的是（　）。

A. 人造石油　B. 天然气　C. 煤　D. 宝石

**23.** 资源税的纳税义务人不包括（　）。

A. 在中国境内生产销售应税资源的个人

B. 在中国境内开采应税资源的单位

C. 在中国境内生产自用应税资源的单位

D. 进口应税资源的单位和个人

**24.** 根据资源税法律制度的规定，下列各项中，不属于资源税征税范围的是（　）。

A. 开采的原煤　B. 开采的原油

C. 以空气加工生产的液氧　D. 开采的天然气

**25.** 资源税纳税人自产自用应税产品的纳税义务发生时间为（　）。

A. 移送应税产品的当天　B. 应税产品开采的当天

C. 应税产品投入使用的当天　D. 应税产品全部使用完毕的当天

**26.** 企业缴纳的下列税额中，应作为城市维护建设税计税依据的是（　）。

A. 消费税税额　B. 房产税税额

C. 关税税额　D. 城镇土地使用税税额

**27.** 根据城市维护建设税法律制度的规定，下列关于城市维护建设税税收优惠的表述中，不正确的是（　）。

A. 对出口货物退还增值税的，可同时退还已缴纳的城市维护建设税

B. 海关对进口货物代征的增值税，不征收城市维护建设税

C. 对增值税实行先征后退办法的，除另有规定外，不予退还增值税附征的城市维护建设税

D. 对增值税实行即征即退办法的，除另有规定外，不予退还增值税附征的城市维护建设税

**28.** 进口货物关税税率采用的主要形式是（　）。

A. 幅度比例税率　B. 差别比例税率　C. 累进税率　D. 定额税率

**29.** 根据关税法律制度的规定，对原产于与我国签订含有特殊关税优惠条款的贸易协定的国家或地区的进口货物，适用特定的关税税率。该税率为（　）。

A. 普通税率　B. 协定税率　C. 特惠税率　D. 最惠国税率

**30.** 根据车辆购置税法律制度的规定，下列不属于车辆购置税征税范围的是（　）。

A. 汽车　B. 电动自行车　C. 有轨电车　D. 挂车

**31.** 根据耕地占用税法律制度的规定，下列情形中，不缴纳耕地占用税的是（　）。

A. 占用市区工厂土地建设商品房　B. 占用市郊菜地建设公路

C. 占用牧草地建设厂房　D. 占用果园建设旅游度假村

**32.** 下列各项中，减按 2 元/平方米征收耕地占用税的是（　）。

A. 纳税人临时占用耕地　B. 学校占用耕地建设校舍

C. 农村居民占用耕地开发经济林地　D. 公路线路占用耕地

**33.** 根据烟叶税法律制度的规定，下列属于烟叶税纳税人的是（　）。

A. 生产烟叶的个人　　B. 收购烟叶的单位

C. 销售香烟的单位　　D. 消费香烟的个人

**34.** 根据房产税法律制度的规定，下列有关房产税纳税人的表述中，错误的是(　　)。

A. 产权属于国家所有的房屋，不纳税

B. 产权属于集体所有的房屋，该集体单位为纳税人

C. 产权属于个人所有的营业用的房屋，该个人为纳税人

D. 产权出典的房屋，承典人为纳税人

**35.** 某企业房产原值为 3 000 万元，将其中原值为 1 000 万元的临街房出租给某连锁商店，月租金 5 万元。当地政府规定允许按房产原值减除 20%后的余值计税。该企业当年应缴纳房产税为(　　)万元。

A. 4.8　　B. 26.4　　C. 27　　D. 28.8

**36.** 根据房产税法律制度的规定，下列房屋中，不属于房产税征税范围的是(　　)。

A. 建制镇的房屋　B. 农村的房屋　C. 县城的房屋　D. 城市的房屋

**37.** 2020 年 7 月 1 日，甲公司出租商铺，租期半年(至 2020 年 12 月 31 日租期届满)，一次性收取含增值税租金 126 000 元。已知增值税征收率为 5%，房产税从租计征的税率为 12%。下列计算甲公司出租商铺应缴纳房产税税额的算式中，正确的是(　　)。

A. 126 000÷(1+5%)×(1−30%)×12%=10 080(元)

B. 126 000÷(1+5%)×12%=14 400(元)

C. 126 000×(1−30%)×12%=10 584(元)

D. 126 000×12%=15 120(元)

**38.** 甲公司拥有一处原值 560 000 元的房产，已知房产税税率为 1.2%，当地规定的房产税减除比例为 30%。下列计算甲公司该房产年应缴纳房产税税额的算式中，正确的是(　　)。

A. 560 000×1.2%=6 720(元)

B. 560 000÷(1−30%)×1.2%=960(元)

C. 560 000×(1−30%)×1.2%=4 704(元)

D. 560 000×30%×1.2%=2 016(元)

**39.** 甲公司 2020 年初拥有一栋房产，房产原值 1 000 万元，3 月 31 日将其对外出租，租期 1 年，每月不含增值税租金 1 万元。已知从价计征房产税税率为 1.2%，从租计征房产税税率为 12%，当地省政府规定计算房产余值的减除比例为 30%。2020 年甲公司上述房产应缴纳房产税为(　　)万元。

A. 1.08　　B. 3.18　　C. 3.76　　D. 8.4

**40.** 甲公司厂房原值 500 万元，已提折旧 200 万元。已知房产原值减除比例为 30%，房产税从价计征税率为 1.2%，下列计算甲公司年度应缴纳房产税税额的算式中，正确的是(　　)。

A. 200×(1−30%)×1.2%=1.68(万元)

B. 500×1.2%=6(万元)

C. (500−200)×(1−30%)×1.2%=2.52(万元)

D. 500×(1−30%)×1.2%=4.2(万元)

**41.** 甲公司厂房原值2 000万元，2019年11月对该厂房进行扩建，2019年底扩建完工并办理验收手续，增加房产原值500万元。已知，房产税的原值扣除比例为30%，房产税比例税率为1.2%。下列计算甲公司2020年应缴纳房产税税额的算式中，正确的是(　　)。

A. 2 000×(1－30%)×1.2%＋500×1.2%＝22.8(万元)

B. (2 000＋500)×(1－30%)×1.2%＝21(万元)

C. 2 000×1.2%＋500×(1－30%)×1.2%＝28.2(万元)

D. 2 000×(1－30%)×1.2%＝16.8(万元)

**42.** 甲公司委托某施工企业建造一幢办公楼，工程于2019年12月完工，2020年1月办妥(竣工)验收手续，4月付清全部工程价款。根据房产税法律制度的规定，甲公司对此幢办公楼房产税的纳税义务发生时间是(　　)。

A. 2019年12月　　B. 2020年1月　　C. 2020年2月　　D. 2020年4月

**43.** 根据房产税法律制度的规定，下列各项中，免征房产税的是(　　)。

A. 国家机关用于出租的房产　　B. 公立学校附设招待所使用的房产

C. 公立幼儿园自用的房产　　D. 公园附近饮食部使用的房产

**44.** 2020年9月张某出租自有住房，收取当月租金2 500元，当月需偿还个人住房贷款1 000元。已知个人出租住房房产税税率为4%。下列计算张某当月应缴纳房产税税额的算式中，正确的是(　　)。

A. (2 500－1 000)×4%＝60(元)

B. 2 500×4%＝100(元)

C. (2 500－1 000)×(1－4%)×4%＝57.6(元)

D. 2 500×(1－4%)×4%＝96(元)

**45.** 根据房产税法律制度的规定，下列各项中，应缴纳房产税的是(　　)。

A. 国家机关自用的房产　　B. 个人拥有的市区经营性用房

C. 名胜古迹自用的办公用房　　D. 老年服务机构自用的房产

**46.** 根据契税法律制度的规定，下列行为中，应征收契税的是(　　)。

A. 甲公司出租地下停车场　　B. 丁公司购买办公楼

C. 乙公司将房屋抵押给银行　　D. 丙公司承租仓库

**47.** 根据契税法律制度的规定，下列各项中属于契税纳税人的是(　　)。

A. 获得住房奖励的个人　　B. 转让土地使用权的企业

C. 抵押父母房子的子女　　D. 出售房屋的个体工商户

**48.** 2020年2月周某以150万元(不含增值税价格)出售自有住房一套，购进价格为200万元(不含增值税)住房一套。已知契税适用税率为5%，下列计算周某上述行为应缴纳契税税额的算式中，正确的是(　　)。

A. 150×5%＝7.5(万元)　　B. 200×5%＝10(万元)

C. 150×5%＋200×5%＝17.5(万元)　　D. 200×5%－150×5%＝2.5(万元)

**49.** 甲公司出售一处位于郊区的仓库，取得收入120万元(不含增值税)，又以260万元(不含增值税)购入一处位于市区繁华地区的门面房。已知当地政府规定的契税税率为4%，下列计算甲公司应缴纳契税税额的算式中，正确的是(　　)。

A. 120×4%=4.8(万元)　　B. (120+260)×4%=15.2(万元)

C. (260-120)×4%=5.6(万元)　　D. 260×4%=104(万元)

**50.** 2020年10月王某购买一套住房,支付购房价款97万元、增值税税额9.7万元。已知契税适用税率为3%,下列计算王某应缴纳契税税额的算式中,正确的是(　　)。

A. (97+9.7)×3%=3.201(万元)　　B. 97÷(1-3%)×3%=3(万元)

C. (97-9.7)×3%=2.619(万元)　　D. 97×3%=2.91(万元)

**51.** 甲公司于2020年11月向乙公司购买一处闲置厂房,合同注明的土地使用权价款2 000万元(不含增值税),厂房及地上附着物价款500万元(不含增值税),已知当地规定的契税税率为3%,甲公司应缴纳的契税税额为(　　)万元。

A. 15　　B. 45　　C. 60　　D. 75

**52.** 下列各项中,符合房产税纳税义务人规定的是(　　)。

A. 产权属于集体的,由承典人缴纳

B. 房屋产权出典的,由出典人缴纳

C. 产权纠纷未解决的,由代管人或使用人缴纳

D. 产权属于国家所有的,不缴纳

**53.** 某企业2020年初拥有小轿车2辆;当年4月,1辆小轿车被盗,已按照规定办理退税。通过公安机关的侦查,9月被盗车辆失而复得,并取得公安机关的相关证明。已知当地小轿车车船税年税额为500元/辆,该企业2020年实际应缴纳的车船税为(　　)元。

A. 500　　B. 791.67　　C. 833.33　　D. 1 000

**54.** 根据车船税法律制度的规定,下列关于车船税纳税申报的表述中,不正确的是(　　)。

A. 扣缴义务人已代收代缴车船税的,纳税人不再向车辆登记地的主管税务机关申报缴纳车船税

B. 没有扣缴义务人的,纳税人应当向主管税务机关自行申报缴纳车船税

C. 已缴纳车船税的车船在同一纳税年度内办理转让过户的,需要另外纳税

D. 车船税按年申报,分月计算,一次性缴纳

**55.** 根据车船税法律制度的规定,下列各项中,属于机动船舶计税单位的是(　　)。

A. 净吨位数　　B. 整备质量吨位数

C. 艇身长度　　D. 辆数

**56.** 下列项目中,以"净吨位每吨"为计税依据征收车船税的是(　　)。

A. 货车　　B. 客车　　C. 机动船舶　　D. 摩托车

**57.** 下列各项中,应作为融资租赁房屋房产税计税依据的是(　　)。

A. 房产售价　　B. 房产余值　　C. 房产原值　　D. 房产租金

**58.** 下列房屋及建筑物中,属于房产税征税范围的是(　　)。

A. 农村的居住用房　　B. 建在室外的露天游泳池

C. 个人拥有的市区经营性用房　　D. 尚未使用或出租而待售的商品房

**59.** 根据房产税法律制度的规定,下列各项中,应征收房产税的是(　　)。

A. 国家机关自用的房产　　B. 高等学校的学生公寓

C. 个人出租的住房　　D. 老年服务机构自用的房产

**60.** 根据房产税法律制度的规定,下列各项中,不予免征房产税的是(　　)。

A. 名胜古迹中附设的经营性茶社　　B. 公园自用的办公用房
C. 个人所有的唯一普通居住用房　　D. 国家机关的职工食堂

**61.** 老李拥有一套价值72万元的住房，老张拥有一套价值52万元的住房，双方互换住房，由老张补差价20万元给老李。已知，本题涉及的价值、价格均不含增值税，契税的税率为3%，下列各项中，正确的是（　　）。
A. 老李应缴纳契税2.16万元　　B. 老张应缴纳契税0.6万元
C. 老李应缴纳契税0.6万元　　D. 老张应缴纳契税2.16万元

**62.** 某公司2020年3月以3 500万元购得一写字楼作为办公用房使用，该写字楼原值6 000万元，累计折旧2 000万元。如果适用的契税税率为3%，该公司应缴契税为（　　）万元。
A. 120　　B. 105　　C. 180　　D. 150

**63.** 下列各项中，不属于契税的征税范围的是（　　）。
A. 土地使用权出让　　B. 土地使用权转让
C. 土地的抵押　　D. 房屋买卖

**64.** 契税的纳税时间为纳税人签订土地、房屋权属转移合同的（　　）。
A. 次日　　B. 次月　　C. 当日　　D. 当月

**65.** 周某原有两套住房，2020年8月，出售其中一套，成交价为70万元；将另一套以市场价格60万元与谢某的住房进行了等价互换；又以100万元价格购置了一套新住房。已知契税的税率为3%。下列计算周某应缴纳契税的算式中，正确的是（　　）。
A. 100×3%=3(万元)　　B. (100+60)×3%=4.8(万元)
C. (100+70)×3%=5.1(万元)　　D. (100+70+60)×3%=6.9(万元)

**66.** 根据契税法律制度的规定，土地使用权互换、房屋互换，若互换价格相等，则（　　）。
A. 由互换双方各自缴纳契税　　B. 由互换双方共同分担契税
C. 免征契税　　D. 由双方协商一致确定纳税人

**67.** 某体育器材公司于2020年10月向某运动员奖励住宅一套，税务机关核定的市场价格为80万元(不含增值税)。该运动员随后以70万元(不含增值税)的价格将奖励住宅出售，当地契税适用税率3%，该运动员应缴纳的契税为（　　）万元。
A. 2.4　　B. 2.1　　C. 4.5　　D. 0

**68.** 根据土地增值税法律制度的规定，下列行为中，属于土地增值税征税范围的是（　　）。
A. 出租房屋　　B. 代建房屋
C. 企业之间交换房屋　　D. 评估房屋

**69.** 根据土地增值税法律制度的规定，下列各项中，不属于土地增值税纳税人的是（　　）。
A. 出租住房的孙某　　B. 转让国有土地使用权的甲公司
C. 出售商铺的潘某　　D. 出售写字楼的乙公司

**70.** 根据土地增值税法律制度的规定，下列各项中，免征土地增值税的是（　　）。
A. 由一方出地，另一方出资金，企业双方合作建房，建成后转让的房地产
B. 因城市实施规划、国家建设的需要而搬迁，企业自行转让原房地产
C. 企业之间交换房地产
D. 企业以房地产抵债而发生权属转移的房地产

**71.** 甲房地产公司 2020 年 11 月销售自行开发的商业房地产项目,取得不含增值税收入 20 000万元,准予从房地产转让收入额减除的扣除项目金额 12 000 万元。已知土地增值税税率为 40%,速算扣除系数为 5%,下列计算甲房地产公司该笔业务应缴纳土地增值税税额的算式中,正确的是( )。

A. (20 000－12 000)×40%－20 000×5%＝2 200(万元)

B. (20 000－12 000)×40%－12 000×5%＝2 600(万元)

C. 20 000×40%－12 000×5%＝7 400(万元)

D. 20 000×40%－(20 000－12 000)×5%＝7 600(万元)

**72.** 某企业销售房产取得不含增值税售价 5 000 万元,扣除项目金额合计为 3 000 万元,已知适用的土地增值税税率为 40%,速算扣除系数为 5%。则该企业应缴纳土地增值税税额为( )万元。

A. 650　　B. 700　　C. 1 850　　D. 1 900

**73.** 根据土地增值税法规的规定,下列项目中,不征收土地增值税的是( )。

A. 房地产出租　　B. 以房地产抵偿债务而发生权属转让

C. 合作建房建成后转让的　　D. 转让国有土地使用权

**74.** 对企事业单位、社会团体以及其他组织转让旧房作为公租房房源,且增值额未超过扣除项目金额( )的,免征土地增值税。

A. 10%　　B. 20%　　C. 30%　　D. 50%

**75.** 下列对土地增值税的理解,不正确的是( )。

A. 政府机关转让房地产应当缴纳土地增值税

B. 农村集体土地不属于土地增值税的征税范围

C. 医院因新住院部建成而转让旧住院部,取得转让收入可以免征土地增值税

D. 外商投资企业转让境内房产,应当缴纳土地增值税

**76.** 2020 年 6 月甲公司销售自行开发的房地产项目,取得不含增值税销售收入 10 000 万元,准予从房地产转让收入中减除的扣除项目金额 6 000 万元,且增值额超过扣除项目金额 50%、未超过扣除项目金额 100%的部分,税率为 40%,速算扣除系数为 5%,下列计算甲公司该笔业务应缴纳土地增值税税额的计算公式中,正确的是( )。

A. (10 000－6 000)×40%＋6 000×5%＝1 900(万元)

B. 10 000×40%＝4 000(万元)

C. (10 000－6 000)×40%－6 000×5%＝1 300(万元)

D. 1 000×40%－6 000×5%＝3700(万元)

**77.** 某国有企业转让一块已开发的土地,取得收入 8 000 万元,已知取得该块土地支付的土地使用权出让金为 2 000 万元,开发这块地的成本为 1 000 万元,支付的与转让土地有关的税金合计为 500 万元。则该企业应纳土地增值税为( )万元。

A. 1 725　　B. 1 750　　C. 1 975　　D. 2 250

**78.** 甲房地产开发企业开发一住宅项目,实际占地面积 12 000 平方米,建筑面积 24 000 平方米,容积率为 2.0,甲房地产开发企业缴纳的城镇土地使用税的计税依据为( )平方米。

A. 24 000　　B. 12 000　　C. 36 000　　D. 18 000

**79.** 甲企业2020年2月经批准新占用一块耕地建造办公楼，另占用一块非耕地建造企业仓库。下列关于甲企业城镇土地用税和耕地占用税的有关处理，说法正确的是（ ）。

A. 甲企业建造办公楼占地，应征收耕地占用税，并自批准征用之次月起征收城镇土地使用税

B. 甲企业建造办公楼占地，应征收耕地占用税，并自批准征用之日起满1年时征收城镇土地使用税

C. 甲企业建造仓库用地，不征收耕地占用税，应自批准征用之月起征收城镇土地使用税

D. 甲企业建造仓库用地，不征收耕地占用税，应自批准征用之日起满1年时征收城镇土地使用税

**80.** 根据城镇土地使用税法律制度的规定，下列城市用地中，不属于城镇土地使用税免税项目的是（ ）。

A. 公园自用的土地　　B. 市政街道公共用地

C. 国家机关自用的土地　　D. 企业生活区用地

**81.** 2020年甲服装公司（位于某县城）实际占地面积30 000平方米，其中办公楼占地面积500平方米，厂房仓库占地面积22 000平方米，厂区内铁路专用线、公路等用地7 500平方米，已知当地规定的城镇土地使用税每平方米年税额为5元。甲服装公司当年应缴纳城镇土地使用税税额的下列计算中，正确的是（ ）。

A. 30 000×5＝150 000(元)　　B. (30 000－7 500)×5＝112 500(元)

C. (30 000－500)×5＝147 500(元)　　D. (30 000－22 000)×5＝40 000(元)

**82.** 某林场面积100万平方米，其中森林公园占地58万平方米，防火设施占地17万平方米，办公用地10万平方米，生活区用地15万平方米。该林场需要缴纳城镇土地使用税的面积为（ ）万平方米。

A. 58　　B. 100　　C. 42　　D. 25

**83.** 2020年甲盐场占地面积为300 000平方米，其中办公用地35 000平方米，生活区用地15 000平方米，盐滩用地250 000平方米。已知当地规定的城镇土地使用税每平方米年税额为0.8元，甲盐场当年应缴纳城镇土地使用税税额的下列计算中，正确的是（ ）。

A. (35 000＋250 000)×0.8＝228 000(元)

B. 300 000×0.8＝240 000(元)

C. (15 000＋250 000)×0.8＝212 000(元)

D. (35 000＋15 000)×0.8＝40 000(元)

**84.** 某火电厂2020年占地80万平方米，其中厂区围墙内占地40万平方米，厂区围墙外灰场占地3万平方米，生活区及其他商业配套设施占地37万平方米。已知，该火电厂所在地适用的城镇土地使用税每万平方米年税额为1.5万元。根据城镇土地使用税法律制度的规定，该火电厂2020年应缴纳的城镇土地使用税税额为（ ）万元。

A. 55.5　　B. 60　　C. 115.5　　D. 120

**85.** 根据城镇土地使用税法律制度的规定，下列各项中，不属于免税项目的是（ ）。

A. 水库管理部门的办公用地　　B. 大坝用地

C. 堤防用地　　D. 水库库区用地

**86.** 根据城镇土地使用税法律制度的规定，下列用地中，免予缴纳城镇土地使用税的是（　　）。

A. 港口的码头用地　　B. 农产品批发市场生活区用地

C. 水电站的发电厂房用地　　D. 火电厂厂区围墙内的用地

**87.** 甲贸易公司位于市区，实际占地面积为5 000平方米，其中办公区占地4 000平方米，生活区占地1 000平方米；甲贸易公司还有一处位于农村的仓库，实际面积为1 500平方米。已知，城镇土地使用税适用税率为每平方米税额5元。下列计算甲贸易公司全年应缴纳城镇土地使用税税额的算式中，正确的是（　　）。

A. 4 000×5＝20 000(元)　　B. (5 000＋1 500)×5＝32 500(元)

C. 5 000×5＝25 000(元)　　D. (4 000＋1 500)×5＝27 500(元)

**88.** 以下车辆(均非新能源车辆)免交车船税的是（　　）。

A. 救护车　　B. 人民法院警车　　C. 市政公务车　　D. 公共汽车

**89.** 根据车船税法律制度的规定，下列各项中，以“辆数”为计税依据的是（　　）。

A. 货车　　B. 轮式专用机械车

C. 乘用车　　D. 专用作业车

**二、多项选择题**

**1.** 根据契税法律制度的规定，下列各项中，免征契税的有（　　）。

A. 军事单位承受土地用于军事设施

B. 国家机关承受房屋用于办公

C. 纳税人承受荒山土地使用权用于农业生产

D. 城镇居民购买商品房用于居住

**2.** 根据土地增值税法律制度的规定，下列情形中，纳税人应当进行土地增值税清算的有（　　）。

A. 直接转让土地使用权的

B. 整体转让未竣工决算房地产开发项目的

C. 房地产开发项目全部竣工并完成销售的

D. 取得房地产销售(预售)许可证满2年尚未销售完毕的

**3.** 某房地产公司出售一栋已办理竣工结算的商用写字楼，获得2 000万元。根据税收法律制度的有关规定，下列各税种中，该公司售楼业务应缴纳的税种有（　　）。

A. 契税　　B. 增值税　　C. 印花税　　D. 土地增值税

**4.** 在计算土地增值税计税依据时，下列各项中，应列入房地产开发成本的有（　　）。

A. 前期工程费　　B. 公共配套设施费

C. 土地出让金　　D. 耕地占用税

**5.** 下列各项中，属于契税征税对象的有（　　）。

A. 土地使用权出让　　B. 土地使用权转让

C. 房屋买卖　　D. 土地承包经营权的转移

**6.** 根据土地增值税有关规定，下列业务属于土地增值税征税范围的有（　　）。

A. 企业置换房产　　B. 转让房屋所有权

C. 出让国有土地使用权　　D. 转让国有土地使用权

**7.** 下列各项中,属于土地增值税征收范围,应按规定计算征收土地增值税的有(　　)。

A. 国有土地使用权转让　　B. 存量房地产买卖

C. 房地产的代建房行为　　D. 房地产的继承

**8.** 下列不属于土地增值税征税范围的有(　　)。

A. 房地产继承　　B. 房地产赠与

C. 房地产出租　　D. 房地产抵押期内

**9.** 下列各项中,不应征收土地增值税的有(　　)。

A. 赠与社会公益事业的房地产

B. 个人之间互换自有居住用房地产

C. 抵押期满权属转让给债权人的房地产

D. 企业分设为两个与原企业投资主体相同的企业,原企业将国有土地变更到分立后的企业

**10.** 根据土地增值税法律制度的规定,下列行为中,应征收土地增值税的有(　　)。

A. 企业转让国有土地使用权　　B. 政府出让国有土地使用权

C. 企业出售不动产　　D. 个人出租不动产

**11.** 根据烟叶税法律制度的规定,下列属于烟叶税征税范围的有(　　)。

A. 晾晒烟叶　　B. 烟丝　　C. 卷烟　　D. 烤烟叶

**12.** 根据船舶吨税法律制度的规定,下列船舶中,不予免征船舶吨税的有(　　)。

A. 捕捞渔船　　B. 非机动驳船　　C. 养殖渔船　　D. 外籍观光游轮

**13.** 根据城镇土地使用税法律制度的规定,下列关于城镇土地使用税纳税人的表述中,正确的有(　　)。

A. 土地使用权未确定或权属纠纷未解决的,由实际使用人纳税

B. 土地使用权共有的,共有各方均为纳税人,由共有各方分别纳税

C. 拥有土地使用权的纳税人不在土地所在地的,由代管人或实际使用人纳税

D. 城镇土地使用税由拥有土地使用权的单位或个人缴纳

**14.** 根据城镇土地使用税法律制度的规定,下列各项中,属于城镇土地使用税征税范围的有(　　)。

A. 集体所有的位于农村的土地　　B. 集体所有的位于建制镇的土地

C. 国家所有的位于工矿区的土地　　D. 集体所有的位于城市的土地

**15.** 根据城镇土地使用税法律制度的规定,下列城市用地中,应缴纳城镇土地使用税的有(　　)。

A. 民航机场场内道路用地　　B. 商业餐饮娱乐用地

C. 火电厂厂区围墙内的用地　　D. 市政街道公共用地

**16.** 根据车船税法律制度的规定,以下属于车船税征税范围的有(　　)。

A. 用于耕地的拖拉机　　B. 用于接送员工的客车

C. 用于休闲娱乐的游艇　　D. 供企业经理使用的小汽车

**17.** 根据车船税法律制度的规定,下列有关车船税计税依据的表述中,正确的有(　　)。

A. 商用客车以辆数为计税依据

B. 机动船舶以整备质量吨位数为计税依据

C. 游艇以艇身长度为计税依据

D. 商用货车以净吨位数为计税依据

**18.** 根据印花税法律制度的规定，下列各项中，属于印花税纳税人的有（　　）。

A. 立据人　　B. 领受人　　C. 立合同人　　D. 立账簿人

**19.** 根据印花税法律制度的规定，下列合同中，属于印花税征税范围的有（　　）。

A. 运输合同　　B. 买卖合同　　C. 租赁合同　　D. 技术合同

**20.** 根据印花税法律制度的规定，下列各项中，属于印花税征税范围的有（　　）。

A. 土地使用权出让书据　　B. 土地使用权转让书据

C. 商品房销售合同　　D. 房屋产权证

**21.** 根据印花税法律制度的规定，营业账簿以（　　）的合计金额作为印花税的计税依据。

A. 实收资本　　B. 长期投资　　C. 资本公积　　D. 盈余公积

**22.** 根据资源税法律制度的规定，下列各项中，属于资源税征税范围的有（　　）。

A. 经济林木　　B. 人造石油　　C. 海盐　　D. 稀土矿精矿

**23.** 下列各项中，属于关税法定纳税义务人的有（　　）。

A. 进口货物的发货人　　B. 进口货物的代理人

C. 出口货物的发货人　　D. 出口货物的代理人

**24.** 关税的征收管理规定中，关于补征和追征的期限为（　　）。

A. 补征期为 1 年内　　B. 追征期为 1 年内

C. 补征期为 3 年内　　D. 追征期为 3 年内

**25.** 下列各项中，属于环境保护税计税依据的有（　　）。

A. 应税大气污染物按照污染物排放量折合的污染当量数确定

B. 应税水污染物按照污染物排放量折合的污染当量数确定

C. 应税固体废物按照固体废物的排放量确定

D. 应税噪声按照超过国家规定标准的分贝数确定

**26.** 根据车辆购置税法律制度的规定，下列各项中，属于车辆购置税征收范围的有（　　）。

A. 摩托车　　B. 挂车　　C. 游艇　　D. 非机动驳船

**27.** 根据耕地占用税法律制度的规定，下列各项中，免征耕地占用税的有（　　）。

A. 工厂生产车间占用的耕地　　B. 军用公路专用线占用的耕地

C. 学校教学楼占用的耕地　　D. 医院职工住宅楼占用的耕地

**28.** 根据船舶吨税法律制度的规定，下列船舶中，不予免征船舶吨税的有（　　）。

A. 应纳税额在人民币 50 元以下的船舶

B. 非机动驳船

C. 养殖渔船

D. 吨税执照期满后 48 小时内不上下客货的船舶

**29.** 根据房产税法律制度的规定，房产税的计税依据有（　　）。

A. 房产净值　　B. 租金收入

C. 房产市价　　D. 房产余值

**30.** 根据房产税法律制度的规定，下列各项中，应当计入房产原值，计征房产税的有（　　）。

A. 独立于房屋之外的烟囱　　B. 中央空调
C. 房屋的给水排水管道　　D. 室外游泳池

**31.** 下列项目中，应征收房产税的有（　）。
A. 高等学校教学用房　　B. 高等学校出租房屋
C. 区妇联开办的对外营业的理发店用房　　D. 区妇联办公用房

**32.** 下列情形中，应由房产代管人或者使用人缴纳房产税的有（　）。
A. 房屋产权未确定的　　B. 房屋产权所有人不在房屋所在地的
C. 房屋租典纠纷未解决的　　D. 房屋承典人不在房屋所在地的

**33.** 下列有关房产税税率的表述中，符合现行规定的有（　）。
A. 工厂拥有并使用的车间适用1.2%的房产税税率
B. 个人房屋用于自办小卖部的适用1.2%的房产税税率
C. 个人出租住房用于美容机构开设连锁店的适用12%的房产税税率
D. 个人出租住房，不区分用途，按照4%的房产税优惠税率计税

**34.** 下列各项中，属于免征房产税的有（　）。
A. 军队自用的房产　　B. 公园办公用的房产
C. 个人自己开商店的房产　　D. 学校教学楼

**35.** 根据房产税法律制度的规定，下列关于房产税纳税人的表述中，正确的有（　）。
A. 产权属于国家所有的，其经营管理的单位为纳税人
B. 产权属于集体和个人的，集体单位和个人为纳税人
C. 产权出典的，承典人为纳税人
D. 产权所有人不在房产所在地的，房产代管人或者使用人为纳税人

**36.** 根据房产税法律制度的规定，下列关于房产税的计税依据表述中，正确的有（　）。
A. 融资租赁房屋的，以房产原值计税
B. 联营投资房产，共担投资风险的，以房屋余值计税
C. 出租房产的，以租金计税
D. 租入房产的，以租金计税

**37.** 下列各项中，符合房产税纳税义务人规定的有（　）。
A. 产权属于集体和个人的由集体单位和个人缴纳
B. 产权纠纷未确定的不用缴纳房产税
C. 房屋产权出典的由承典人缴纳
D. 产权属于国家所有的，不缴纳房产税

**38.** 根据房产税法律制度的规定，下列各项中，属于房产税征税范围的有（　）。
A. 某外商投资企业的厂房　　B. 个人出租的住房
C. 某内资企业的办公用房　　D. 房地产开发企业开发的代售商品房

**39.** 下列各项中，符合房产税优惠政策规定的有（　）。
A. 个人所有非营业用的房产免征房产税
B. 宗教寺庙、名胜古迹自用的房产免征房产税
C. 国家机关附属招待所使用的房产免征房产税
D. 经营公租房的租金收入免征房产税

**40.** 下列各项中,符合房产税纳税义务发生时间规定的有(　　)。

A. 纳税人购置新建商品房,自房屋交付使用之次月起缴纳房产税

B. 纳税人委托施工企业建设的房屋,自建成之次月起缴纳房产税

C. 纳税人将原有房产用于生产经营,自生产经营之次月起缴纳房产税

D. 纳税人购置存量房,自房地产权属登记机关签发房屋权属证书之次月起缴纳房产税

**41.** 根据契税法律制度的规定,下列各项中应征收契税的有(　　)。

A. 房屋典当　　B. 企业以行政划拨方式取得土地使用权

C. 承包者获得土地承包经营权　　D. 运动员因成绩突出获得国家奖励的住房

**42.** 根据契税法律制度的规定,下列各项中,属于契税征税范围的有(　　)。

A. 土地使用权出让　　B. 房屋互换

C. 土地承包经营权的转移　　D. 土地使用权赠与

**43.** 关于契税计税依据的下列表述中,符合法律制度规定的有(　　)。

A. 受让土地使用权的,以成交价格为计税依据

B. 受赠房屋的,由征收机关参照房屋买卖的市场价格核定计税依据

C. 购入土地使用权的,以评估价格为计税依据

D. 互换土地使用权的,以所互换的土地使用权的价格差额为计税依据

**44.** 土地增值税纳税人在确定扣除项目金额时,可以扣除的与房地产转让有关的税金有(　　)。

A. 消费税　　B. 城市维护建设税

C. 印花税　　D. 企业所得税

**45.** 根据土地增值税法律制度的规定,下列情形中,免予缴纳土地增值税的有(　　)。

A. 因城市实施规划、国家建设的需要而搬迁,由纳税人自行转让原房地产

B. 纳税人建造高级公寓出售,增值额未超过扣除项目金额20%的

C. 企事业单位转让旧房作为公共租赁住房房源,且增值额未超过扣除项目金额20%的

D. 因国家建设需要依法征用、收回的房地产

**46.** 下列各项中,属于土地增值税的核定征收情形的有(　　)。

A. 依照法律、行政法规的规定应当设置但未设置账簿的

B. 擅自销毁账簿或者拒不提供纳税资料的

C. 虽设置账簿,但账目混乱或者成本资料、收入凭证、费用凭证残缺不全,难以确定转让收入或扣除项目金额的

D. 申报的计税依据明显偏低,又无正当理由的

**47.** 根据土地增值税法律制度的规定,纳税人在计算房地产开发费用时,财务费用中的借款利息支出,凡能够按照转让房地产项目计算分摊并提供金融机构证明的,允许据实扣除。但不能计入利息支出扣除的有(　　)。

A. 超过商业银行同类同期贷款利率计算的利息金额

B. 超过国家规定上浮幅度的利息支出

C. 超过贷款期限的利息部分

D. 金融机构加收的罚息

**48.** 按照税法规定,纳税人在办理土地增值税纳税申报时,应向税务机关提交的资料有

(　　)。

A. 房屋及建筑物产权、土地使用权证书

B. 土地使用权转让、房屋买卖合同

C. 房地产评估报告

D. 其他与转让房地产有关的资料

**49.** 下列项目中,按法律制度规定可以免征土地增值税的有(　　)。

A. 国家机关转让自用的房产

B. 税务机关拍卖欠税单位的房产

C. 企业单位转让旧房作为公共租赁住房,且增值额未超过扣除项目金额20%的

D. 因国家建设需要而被政府批准征用的房产

**50.** 根据城镇土地使用税法律制度的规定,下列各项中,属于城镇土地使用税纳税人的有(　　)。

A. 实际使用城镇土地的国有工业企业

B. 实际使用城镇土地的股份制商业企业

C. 与他人共同拥有城镇土地使用权的合伙企业

D. 实际使用城镇土地的外商投资企业

**51.** 根据城镇土地使用税法律制度的规定,下列各项中,可作为城镇土地使用税计税依据的有(　　)。

A. 省政府确认的单位测定的面积

B. 土地使用证书确认的面积

C. 由纳税人申报的面积为准,核发土地使用证后再作调整

D. 税务部门估定的面积

**52.** 甲、乙两家企业共有一项土地使用权。土地面积为1 500平方米,甲、乙企业的实际占用比例为3∶2。已知该土地适用的城镇土地使用税税额为每平方米5元。关于甲、乙企业共用该土地应缴纳的城镇土地使用税,下列处理正确的有(　　)。

A. 甲企业应纳城镇土地使用税＝1 500×3÷5×5＝4 500(元)

B. 甲企业应纳城镇土地使用税＝1 500×5＝7 500(元)

C. 乙企业应纳城镇土地使用税＝1 500×2÷5×5＝3 000(元)

D. 乙企业应纳城镇土地使用税＝1 500×5＝7 500(元)

**53.** 下列关于城镇土地使用税的计税依据的表述中,正确的有(　　)。

A. 尚未组织测定,但纳税人持有政府部门核发的土地使用证书的,以证书确定的土地面积为准

B. 尚未核发土地使用证书的,应由纳税人据实申报土地面积,并据以纳税,待核发土地使用证书后再作调整

C. 凡由省级人民政府确定的单位组织测定土地面积的,以测定的土地面积为准

D. 城镇土地使用税以实际占用的应税土地面积为计税依据

**54.** 根据城镇土地使用税法律制度的规定,下列关于城镇土地使用税纳税义务发生时间的表述中,正确的有(　　)。

A. 纳税人购置新建商品房,自房屋交付使用之次月起缴纳城镇土地使用税

B. 纳税人以出让方式有偿取得土地使用权，应从合同约定交付土地时间之次月起缴纳城镇土地使用税

C. 纳税人新征用的耕地，自批准征用之日起满1年时开始缴纳城镇土地使用税

D. 纳税人新征用的非耕地，自批准征用次月起缴纳城镇土地使用税

**55.** 下列情形中，免征城镇土地使用税的有(　　)。

A. 国家机关拥有的体育场馆

B. 房地产开发企业经批准开发建设经济适用房的用地

C. 市政街道、广场、绿化地带等公共用地

D. 油气长输管线用地

**56.** 下列各项中，符合城镇土地使用税有关纳税义务发生时间规定的有(　　)。

A. 纳税人新征用的耕地，自批准征用之月起缴纳城镇土地使用税

B. 纳税人出租房产，自交付出租房产之次月起缴纳城镇土地使用税

C. 纳税人新征用的非耕地，自批准征用之月起缴纳城镇土地使用税

D. 纳税人购置新建商品房，自房屋交付使用之次月起缴纳城镇土地使用税

**57.** 下列属于车船税征收范围的有(　　)。

A. 摩托车　　B. 火车　　C. 客车　　D. 货车

**58.** 根据车船税法律制度的规定，下列车船中，以"辆数"为计税依据的有(　　)。

A. 商用货车　　B. 机动船舶　　C. 摩托车　　D. 商用客车

**59.** 根据车船税法律制度的规定，下列使用中的交通工具，属于车船税征收范围的有(　　)。

A. 小轿车　　B. 货船　　C. 摩托车　　D. 纯电动乘用车

**60.** 下列各项中，符合车船税有关规定的有(　　)。

A. 电车，以自重吨位数为计税依据

B. 商用货车，以整备质量吨位数为计税依据

C. 乘用车，以辆数为计税依据

D. 机动船舶，以净吨位数为计税依据

**61.** 下列关于我国车船税税目税率的表述中，正确的有(　　)。

A. 车船税采用定额税率

B. 挂车按照货车税额的50%计算

C. 货车包括半挂牵引车、三轮汽车和低速载货汽车

D. 拖船和非机动驳船分别按机动船舶税额的70%计算

**62.** 下列合同中，属于印花税征税范围的有(　　)。

A. 人身保险合同　　B. 财产保险合同

C. 买卖合同　　D. 委托代理合同

## 三、判断题

**1.** 拥有土地使用权的纳税人不在土地所在地的，由代管人或实际使用人缴纳城镇土地使用税。　(　　)

**2.** 进出口货物完税后，如因收发货人或其代理人违反规定而造成少征或漏征税款的，海关

在1年内可以追缴。（　　）

**3.** 纳税人自产、受赠、获奖或者以其他方式取得并自用的应税车辆的计税依据，由主管税务机关参照国家税务总局规定的市场平均交易价格核定。（　　）

**4.** 耕地占用税以纳税人实际占用的耕地面积为计税依据，按照规定的适用税额标准计算应纳税额，一次性缴纳。（　　）

**5.** 甲公司依法不需要在车船登记管理部门登记的在单位内部场所行驶的机动车辆，属于车船税的征税范围。（　　）

**6.** 房地产开发项目中同时包含普通住宅和非普通住宅的，应分别计算土地增值税的增值额。（　　）

**7.** 海盐属于资源税征税范围。（　　）

**8.** 纳税人建造普通标准住宅出售，增值额超过扣除金额20%的，应按全部增值额计算缴纳土地增值税。（　　）

**9.** 产权未确定以及租典纠纷未解决的，暂不征收房产税。（　　）

**10.** 契税纳税期限为纳税义务发生之日起30日内。（　　）

**11.** 无商业价值的广告品及货样，经海关审核无误后可以免征关税。（　　）

**12.** 房地产开发企业建造的商品房，出售前已使用的，不征收房产税。（　　）

**13.** 以房屋为载体、不可随意移动的附属设备和配套设施，如果单独记账，价值没有计入房产原值，可以不计算缴纳房产税。（　　）

**14.** 张某将个人拥有产权的房屋出典给李某，则李某为该房屋房产税的纳税人。（　　）

**15.** 国家机关承受房屋用于办公，免征契税。（　　）

**16.** 境内承受转让土地、房屋权属的单位和个人为契税的纳税人，但不包括外商投资企业和外国企业。（　　）

**17.** 企业破产清算期间，对债权人承受破产企业土地、房屋权属的，应当征收契税。（　　）

**18.** 房地产开发项目中同时包含普通住宅和非普通住宅的，应分别计算土地增值税的增值额。（　　）

**19.** 对公安部门无偿使用铁路、民航等单位的土地，免征城镇土地使用税。（　　）

**20.** 资源税纳税人应当在矿产品的开采地缴纳资源税。（　　）

**21.** 纳税单位无偿使用免税单位的土地的，免予征收城镇土地使用税。（　　）

**22.** 农村居民占用耕地新建住宅，免征耕地占用税。（　　）

**23.** 纳税人自行新建房屋用于生产经营，从建成之月起缴纳房产税。（　　）

**24.** 纳税人销售应税资源品目采用分期收款结算方式的，其资源税纳税义务发生时间，为销售合同规定的收款日期的当天。（　　）

**25.** 对从境外采购进口的原产于中国境内的货物，不征收进口关税。（　　）

**26.** 进口货物适用的关税税率是以进口货物的原产地为标准的。（　　）

**27.** 轮式专用机械车，以净吨位数为计税依据。（　　）

**28.** 纯电动乘用车和燃料电池乘用车不属于车船税征税范围，对其不征车船税。（　　）

**29.** 土地使用权互换的，以所互换的土地用权的价格差额为契税的计税依据。（　　）

**30.** 房地产开发企业建造的商品房，在出售前一律不征收房产税。（　　）

**31.** 个人所有的房产，除出租外，一律免征房产税。（　　）

32. 纳税人购置新建商品房，自房屋交付使用当月起，缴纳城镇土地使用税。（ ）

33. 买卖合同应按支付价款的0.5‰贴花。（ ）

34. 资源税的征税范围仅限于在我国境内开采的应税矿产品或生产的盐，对进口的矿产品或盐不征资源税。（ ）

35. 纳税人开采或者生产应税产品自用的，可以减半征收资源税。（ ）

36. 土地增值税的纳税义务人是转让国有土地使用权、地上建筑物及其附着物并取得收入的所有单位和个人，包括各类企业、事业单位、国家机关、社会团体及其他组织、个体经营者及其他个人。（ ）

37. 因城市规划、国家建设的需要而搬迁，由纳税人自行转让的原房地产，可以免征土地增值税。（ ）

38. 对于一方出地，一方出资金，双方合作建房，建成后转让的，可以免征土地增值税。（ ）

39. 对房地产的抵押，在抵押期间不征收土地增值税；但对抵押期满后以房地产抵债而发生的房地产权属转让的，则应征收土地增值税。（ ）

40. 环境保护税的纳税人为在中华人民共和国领域和中华人民共和国管辖的其他海域，直接向环境排放应税污染物的企事业单位和其他生产经营者。（ ）

41. 企事业单位和其他生产经营者在符合国家和地方环境保护标准的设施、场所储存或者处置固体废物的，应当缴纳环境保护税。（ ）

42. 环境保护税实行定额税率。（ ）

43. 等价互换房屋土地权属的免征契税，互换价格不等时，由双方协商确定契税纳税人。（ ）

44. 土地、房屋权属变动中的各种形式，如典当、出租或抵押等，均属于契税的征税范围。（ ）

45. 纳税人新征用的非耕地，自批准征用之日起满1年时，开始缴纳城镇土地使用税。（ ）

46. 几个人或几个单位共同拥有同一块土地的使用权，则由其轮流缴纳这块土地的城镇土地使用税。（ ）

47. 以划拨方式取得土地使用权，经批准转让房地产时，由房地产转让者补交契税，计税依据为补交的土地使用权出让费用或者土地收益。（ ）

48. 进出境运输工具装载的途中必需的燃料、物料和饮食用品，经海关审查无误后可以免予缴纳关税。（ ）

# 第七章　税收征收管理法律制度

## 本章知识框架

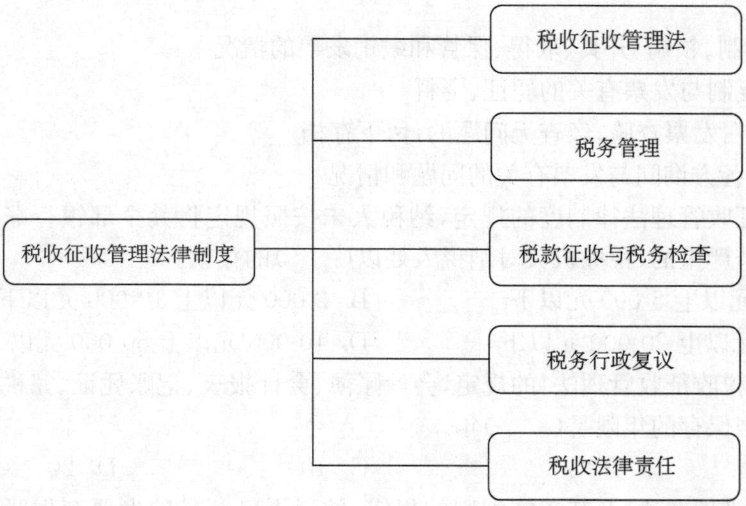


## 本章强化训练

### 一、单项选择题

**1.** 税务机关对单价(　　)元以下的其他生活用品,不采取税收保全措施。

A. 2 000　　B. 3 000　　C. 4 000　　D. 5 000

**2.** 税务机关在规定的纳税期之前,对有逃避纳税义务行为的纳税人所采取的税款征收措施是(　　)。

A. 税收强制执行措施　　B. 税收优先权措施

C. 税收保全措施　　D. 阻止出境措施

**3.** 税务机关调查税收违法案件时,查询案件涉嫌人员储蓄存款的,应经(　　)。

A. 税务所所长批准

B. 稽查局(分局)局长批准

C. 县以上税务局(分局)局长批准

D. 设区的市、自治州以上税务局(分局)局长批准

**4.** 关于税务行政复议管辖的有关规定,不正确的是(　　)。

A. 对各级税务局的具体行政行为不服的，向其上一级税务局申请行政复议

B. 对计划单列市税务局的具体行政行为不服的，向计划单列市行政机关申请行政复议

C. 对两个以上税务机关共同作出的具体行政行为不服的，向共同上一级税务机关申请行政复议

D. 对税务机关与其他行政机关共同作出的具体行政行为不服的，向其共同上一级行政机关申请行政复议

**5.** 根据税收征收管理法律制度的规定，从事生产、经营的纳税人应当自领取营业执照或者发生纳税义务之日起(　　)日内，按照国家有关规定设置账簿。

A. 5　　B. 10　　C. 15　　D. 30

**6.** 根据税收征收管理法律制度的规定，下列各项中，不属于税务机关发票管理权限的是(　　)。

A. 检查印制、领购、开具、取得、保管和缴销发票的情况

B. 查阅、复制与发票有关的凭证、资料

C. 调出空白发票查验，经查无问题的，留下存档

D. 向当事各方询问与发票有关的问题和情况

**7.** 根据税收征收管理法律制度的规定，纳税人未按照规定将其全部银行账号向税务机关报告且情节严重的，税务机关对纳税人处以(　　)的罚款。

A. 2 000 元以上 5 000 元以下　　B. 2 000 元以上 10 000 元以下

C. 2 000 元以上 20 000 元以下　　D. 10 000 元以上 50 000 元以下

**8.** 根据我国《税收征收管理法》的规定，会计账簿、会计报表、记账凭证、完税凭证及其他纳税资料应当保存的年限是(　　)年。

A. 3　　B. 5　　C. 10　　D. 20

**9.** 根据《发票管理办法》及其实施细则的规定，纳税人已开具的发票存根联及发票登记簿的保存期限是(　　)年。

A. 3　　B. 5　　C. 10　　D. 15

**10.** 税务机关针对纳税人的不同情况可以采取不同的税款征收方式。根据税收法律制度的规定，对生产、经营规模小，不能建账设账的个体工商户，适用的税款征收方式是(　　)。

A. 查账征收　　B. 查定征收　　C. 查验征收　　D. 定期定额征收

**11.** 某公司将税务机关确定的应于 2020 年 9 月 10 日缴纳的税款 20 万元拖至 9 月 20 日缴纳，根据我国《税收征收管理法》的规定，税务机关依法加收该公司滞纳税款的滞纳金为(　　)元。

A. 100　　B. 1 000　　C. 10 000　　D. 4 000

**12.** 根据税收征收管理法律制度的规定，下列个人财产中，不适用税收保全措施的是(　　)。

A. 单价为 5 100 元的电视机　　B. 单价为 3 800 元的冰箱

C. 股票　　D. 金银首饰

**13.** 下列各项中，应当进行税务登记的是(　　)。

A. 个体工商户

B. 不从事生产、经营的事业单位

C. 国家机关

D. 无固定生产经营场所的流动性农村小商贩

**14.** 根据我国《税收征收管理法》的规定，下列各项中，属于税收保全措施的是(　　)。

A. 暂扣纳税人营业执照

B. 书面通知纳税人开户银行从其存款中扣缴税款

C. 依法拍卖纳税人价值相当于应纳税款的货物，以拍卖所得抵缴税款

D. 书面通知纳税人开户银行冻结纳税人的金额相当于应纳税款的存款

**15.** 根据我国《税收征收管理法》的规定，扣缴义务人未按照规定保管代扣代缴、代收代缴税款记账凭证，情节严重的，税务机关应对其采取的措施是(　　)。

A. 提请市场监督管理部门吊销其营业执照

B. 处以 2 000 元以上 10 000 元以下的罚款

C. 处以 2 000 元以上 5 000 元以下的罚款

D. 没收其经营所得

**16.** 根据税收征收管理法律制度的规定，A 公司欠缴税款 60 万元且未结清税收滞纳金，其法定代表人需出境参加重要商务谈判，税务机关可以采取的税款征收措施是(　　)。

A. 阻止出境

B. 查封其价值相当于应纳税款的商品、货物或者其他财产

C. 核定应纳税额

D. 书面通知甲公司开户银行冻结其相当于应纳税款的存款金额

**17.** 根据税收征收管理法律制度的规定，下列说法正确的是(　　)。

A. 我国同外国缔结的有关税收的条约、协定同《征管法》有不同规定的，依照《征管法》的规定办理

B. 征税主体的权利和义务构成了税收法律关系的内容

C. 向税务机关报告企业合并的涉税信息是纳税主体的义务

D. 纳税申报管理属于税务检查权

**18.** 下列各项中，不属于税务检查权的是(　　)。

A. 查账权　　B. 询问权

C. 责成提供资料权　　D. 估税权

**19.** 根据税收征收管理法律制度的规定，税务机关作出的下列行政行为中，纳税人认为侵犯其合法权益时应当先申请行政复议，不履行行政复议决定再提起行政诉讼的是(　　)。

A. 加收税款滞纳金　　B. 没收财物和违法所得

C. 罚款　　D. 停止出口退税权

**20.** 甲企业对该市税务局的稽查局对其作出的税收强制执行措施不服，可以向(　　)申请行政复议。

A. 该市人民政府　　B. 该市税务局

C. 该市隶属的省人民政府　　D. 该市税务局隶属的省税务局

**21.** 行政复议期间发生的下列情形，不属于可以停止执行具体行政行为的是(　　)。

A. 申请人认为需要停止执行的

B. 法律规定停止执行的

C. 行政复议机关认为需要停止执行的

D. 申请人申请停止执行，复议机关认为要求合理，决定停止执行的

**22.** 根据税收征收管理法律制度的规定，下列关于税务行政复议审查的表述中，错误的是（　　）。

A. 行政复议原则上采用书面审查的办法

B. 对重大、复杂的案件，申请人提出要求的，可以采取听证的方式审理

C. 第三人不参加听证的，听证不能举行

D. 初次从事行政复议的税务机关人员，应当取得法律职业资格

**23.** 纳税人假报出口或者以其他欺骗手段，取得国家出口退税款的行为，属于（　　）。

A. 逃税行为　　B. 欠税行为　　C. 骗税行为　　D. 抗税行为

**24.** 下列各项中，不进行税务登记的是（　　）。

A. 企业在外地设立的分支机构　　B. 从事生产、经营的事业单位

C. 国家机关　　D. 个体工商户

**25.** 下列各项关于纳税申报管理的表述中，正确的是（　　）。

A. 纳税人不得采取邮寄申报的方式

B. 纳税人在纳税期内没有应纳税款的，不必办理纳税申报

C. 实行定期定额缴纳税款的纳税人可以实行简易申报、简并征期等申报纳税方式

D. 纳税人按照规定的期限办理纳税申报确有困难，经如实报告可以延期

**26.** 根据税收征收管理法律制度的规定，下列关于纳税申报方式的表述中，不正确的是（　　）。

A. 自行申报是一种传统的申报方式

B. 实行定期定额缴纳税款的纳税人，可以实行简易申报的方式申报纳税

C. 邮寄申报以邮政部门收据作为申报凭证

D. 采取数据电文方式办理纳税申报的，其申报日期以纳税人发出该数据电文的时间为准

**27.** 根据税收征收管理法律制度的规定，纳税人发生的下列行为中，属于欠税的是（　　）。

A. 采取转移或者隐匿财产的手段，妨碍税务机关追缴欠缴的税款

B. 伪造账簿，不缴应纳税款

C. 以暴力、威胁方法拒不缴纳税款

D. 按照规定应设置账簿而未设置的

**28.** 根据税收征收管理法律制度的规定，下列各项中，属于税收保全措施的是（　　）。

A. 责成纳税人提供担保

B. 书面通知纳税人开户银行从其存款中扣缴税款

C. 拍卖纳税人价值相当于应纳税款的货物，以拍卖所得抵缴税款

D. 书面通知纳税人开户银行冻结纳税人的金额相当于应纳税款的存款

**29.** 根据税收征收管理法律制度的规定，税务机关在实施税务检查时，不可以采取的措施是（　　）。

A. 检查纳税人会计资料

B. 检纳税人货物存放地的应纳税商品

C. 检查纳税人托运、邮寄应纳税商品的单据、凭证

D. 经县级税务局局长批准，查询案件涉嫌人员在银行的储蓄存款账户

**30.** 根据税收征收管理法律制度的规定，下列关于发票开具和保管的表述中，正确的是（　）。

A. 销售货物开具发票时，可按付款方要求变更品名和金额

B. 经单位财务负责人批准后，可转借发票

C. 可以由付款方向收款方开具发票

D. 不符合规定的发票，经单位财务负责人批准后可以先行报销

**31.** 2020 年 5 月 1 日，某行政机关对 A 公司作出责令停产停业的决定，并于当日以信函方式寄出，A 公司于 5 月 5 日收到该信函。根据规定，A 公司如对行政机关的决定不服，提出行政复议申请的时间是（　）。

A. 5 月 1 日至 5 月 30 日　　B. 5 月 1 日至 6 月 30 日

C. 5 月 5 日至 6 月 4 日　　D. 5 月 5 日至 7 月 3 日

**32.** 根据规定，税务机关有权核定应纳税额的情形包括（　）。

A. 依照法律、行政法规的规定已设置账簿的

B. 纳税人擅自销毁账簿

C. 发生纳税义务，未按照规定的期限缴纳税款，经税务机关责令限期缴纳，逾期仍不缴纳

D. 纳税人申报的计税依据明显偏低，但有正当理由

**33.** 根据税收征收管理法律制度的规定、下列说法正确的是（　）。

A. 纳税人采取伪造、隐匿手段，不缴或少缴应纳税款的行为，属于骗税

B. 纳税人经税务机关通知申报而拒不申报，不缴或者少缴应纳税款的行为、属于骗税

C. 对抗税行为由税务机关追缴纳税人拒缴的税款、滞纳金，并处罚款

D. 纳税人以假报出口手段骗取国家出口退税款的行为，属于骗税

**34.** 下列属于征税主体的职权的是（　）。

A. 委托代征权　　B. 宣传税收法律

C. 知情权　　D. 委托税务代理权

**35.** 下列各项中，不需要办理税务登记的是（　）。

A. 从事生产经营的事业单位　　B. 取得工资、薪金的个人

C. 企业在外地设立的分支机构　　D. 个体工商户

**36.** 下列不属于税法规定的逃税行为的是（　）。

A. 纳税人变造账簿不缴应纳税款

B. 纳税人在账簿上多列支出少缴应纳税款

C. 纳税人擅自销毁账簿不缴应纳税款

D. 纳税人以暴力方法拒不缴纳税款

**37.** 经县以上税务局（分局）局长批准，凭（　）可以查询从事生产、经营的纳税人、扣缴义务人在银行或者其他金融机构的存款账户。

A. 凭全国统一格式的检查存款账户许可证明

B. 税务检查证

C. 税务检查通知书

D. 税务处理决定书

**38.** 根据税收征管法律制度的规定，下列各项财务资料中，除另有规定外，下列说法正确的是（　　）。

A. 账簿至少应保存 5 年

B. 发票的存根联至少应保存 5 年

C. 可自行涂改、挖补完税凭证

D. 发票的登记簿保存期满，经单位财务负责人批准后销毁

**39.** 根据税收征收管理法律制度的规定，下列各项中，属于税款征收措施的是（　　）。

A. 阻止出境

B. 对税务违法案件的资料进行录像

C. 询问纳税人、扣缴义务人与纳税或者代扣代缴、代收代缴税款有关的问题和情况

D. 责成纳税人提供纳税资料

**40.** 下列关于税收强制执行措施的表述中，正确的是（　　）。

A. 税收强制执行措施不适用于扣缴义务人

B. 经市以上税务局（分局）局长批准，税务机关可以采取强制执行措施

C. 作为家庭唯一代步工具的轿车，在税收强制执行的范围之内

D. 税务机关对家庭唯一一台电冰箱（单价为 6 000 元），不采取强制执行措施

**41.** A 公司是执行按月纳税的增值税纳税人，按规定应于每月 15 日前申报并缴纳上月款，至 2020 年 10 月 15 日甲公司未办理纳税申报，税务机关向其下达责令限期改正通知书，要求人 A 公司于 10 月 20 日前办理纳税申报，至限期满 A 公司仍未申报，则税务机关应当（　　）。

A. 责令 A 公司提供纳税担保　　B. 核定 A 公司应纳税额

C. 对 A 公司进行税收保全　　D. 对 A 公司执行税收强制执行

**42.** 2020 年 11 月税务机关通过调查，发现 A 公司的纳税申报表上有弄虚作假的情形，则税务机关可以采取的税款征收措施是（　　）。

A. 核定其应纳税额　　B. 责令其缴纳税款

C. 责令提供纳税担保　　D. 采取税收保全措施

**43.** 下列关于增值税发票管理特别规定的表述中，正确的是（　　）。

A. 对于税收风险程度中等的纳税人，按需供应发票

B. 对于税收风险程度较高的纳税人，正常供应发票

C. 纳税人可以自愿选择使用网上申领方式领用发票

D. 不得根据购买方要求填开与实际交易不符的内容

**44.** 根据税收征收管理法律制度的规定，下列关于纳税人申请税务行政复议的法定期限的说法中，正确的是（　　）。

A. 申请人可以在税务机关作出具体行政行为之日起 60 日内提出行政复议申请

B. 申请人可以在知道税务机关作出具体行政行为之日起 60 日内提出行政复议申请

C. 法定申请期限的计算应当扣除被耽误时间

D. 法定申请期限的计算不应当扣除被耽误时间

## 二、多项选择题

**1.** 发票的使用要求包括(　　)。

A. 不得转借、转让、代开发票　　B. 未经批准,不得拆本使用发票

C. 不得扩大专用发票的使用范围　　D. 禁止倒买、倒卖发票

**2.** 根据《税收征收管理法》的规定,税务机关可以采取的税收强制措施包括(　　)。

A. 书面通知纳税人开户银行冻结纳税人的金额相当于应纳税款的存款

B. 书面通知纳税人开户银行从其存款中扣缴税款

C. 扣押、查封纳税人的价值相当于应纳税款的商品、货物或其他财产

D. 依法拍卖、变卖纳税人的价值相当于应纳税款的商品、货物或其他财产

**3.** 根据规定,下列案件属于重大税收违法失信案件的有(　　)。

A. 骗取国家出口退税款　　B. 以暴力、威胁方法拒不缴纳税款

C. 伪造发票监制章　　D. 违法情节严重、有较大社会影响

**4.** 下列关于税务行政复议管辖的说法中,正确的有(　　)。

A. 对各级税务局的具体行政行为不服的,向其上一级税务局申请行政复议

B. 对各级税务局的稽查局的具体行政行为不服的,向稽查局申请行政复议

C. 对税务机关与其他行政机关共同作出的具体行政行为不服的,向其共同上一级行政机关申请行政复议

D. 对各级税务局作出的具体行政行为不服的,可以向该税务局的本级人民政府申请行政复议

**5.** 根据税收征收管理法律制度的规定,下列各项中,属于税务机关派出人员在税务检查中应履行的职责有(　　)。

A. 出示税务检查通知书　　B. 出示税务机关组织机构代码证

C. 为被检查人保守秘密　　D. 出示税务检查证

**6.** 下列关于发票类型的说法中,不正确的有(　　)。

A. 农产品收购发票属于增值税普通发票

B. 税控机动车销售统一发票属于增值税专用发票

C. 农产品销售发票属于增值税普通发票

D. 二手车销售统一发票属于增值税普通发票

**7.** 根据税收征收管理法律制度的规定,下列情形需要进行纳税申报的有(　　)。

A. 纳税期内没有应纳税款

B. 因发生地震,在纳税期内无法申报纳税

C. 纳税人在减税期间享受减税待遇

D. 纳税人在纳税期内发生的业务全部享受免税待遇

**8.** 根据税收征收管理法律制度的规定,税务机关的下列具体行政行为中,属于行政处罚的有(　　)。

A. 没收财物和违法所得　　B. 确认适用税率

C. 停止出口退税权　　D. 确认纳税期限

**9.** 根据《税收征收管理法》的规定,下列情形中,税务机关有权核定纳税人应纳税额的有(　　)。

A. 有逃税，欠税前科的
B. 拒不提供纳税资料的
C. 按规定应设置账簿而未设置的
D. 虽设置账簿，但是账目混乱，难以查账的

**10.** 下列关于税收征收管理法律制度的说法中，正确的有（　　）。
A. 我国现行的税收征收管理法律制度的核心是《征管法》
B. 凡依法由税务机关征收的各种税收的征收管理，均适用《征管法》
C. 征税主体的权利直接体现为征税机关和税务人员的职权
D. 征税主体的义务直接体现为征税机关和税务人员的职责

**11.** 根据税收征收管理法律制度的规定，下列关于账簿和凭证管理的说法中正确的有（　　）。
A. 从事生产、经营的纳税人应当自领取营业执照或者发生纳税义务之日起15日内，按规定设置账簿
B. 生产、经营规模小又确无建账能力的纳税人，可以聘请经批准从事会计代理记账业务的专业机构或者财会人员代为建账和办理账务
C. 账簿、会计凭证和报表，应当使用中文
D. 账簿、记账凭证、报表、完税凭证、发票、出口凭证以及其他有关涉税资料应当保存5年

**12.** 下列各项中，属于纳税主体的权利的有（　　）。
A. 税务管理权　　　　　　　　B. 税款征收权
C. 要求保密权　　　　　　　　D. 税收法律、法规和规章的知情权

**13.** 下列我国现行有效税种中，适用《税收征收管理法》的有（　　）。
A. 企业所得税　　　　　　　　B. 房产税
C. 关税　　　　　　　　　　　D. 进口环节的增值税

**14.** 下列发票的开具和使用行为正确的有（　　）。
A. 开具发票的单位和个人应当建立发票使用登记制度，设置发票登记簿
B. 开具发票应当按照规定的时限，逐栏、逐联如实开具，并加盖发票专用章
C. 不拆本使用发票
D. 不转借、转让、介绍他人转让发票、发票监制章和发票防伪专用品

**15.** 下列税种中，由税务局负责征收和管理的有（　　）。
A. 土地增值税　　B. 关税　　C. 资源税　　D. 企业所得税

**16.** 税务人员在办理税务行政复议时与纳税人有（　　）关系，可能影响公正执法的，应当回避。
A. 夫妻　　　　　　　　　　　B. 直系血亲
C. 三代以内旁系血亲　　　　　D. 近姻亲

**17.** 根据税收征收管理法律制度的规定，纳税申报的内容包括（　　）。
A. 应纳税项目　　　　　　　　B. 计税依据的
C. 滞纳金　　　　　　　　　　D. 扣除项目及标准

**18.** 根据税收征收管理法律制度的规定，下列关于税务行政复议审查的表述中，正确的有

(　　)。

A. 行政复议原则上采用书面审查的办法

B. 行政复议听证人员不得少于 3 人

C. 第三人不参加听证的,听证不能举行

D. 听证应当公开举行,涉及国家秘密、商业秘密或者个人隐私的除外

**19.** A 公司因对甲税务机关作出强制执行措施的决定不服,向甲税务机关的上级机关申请行政复议。行政复议机关经过书面审查作出维持原决定的复议决定。A 公司对其行政复议决定不服,希望撤回行政复议申请,则下列说法中,错误的有(　　)。

A. 申请人决定撤回申请的,可以撤回　　B. 经行政复议机关同意的,可以撤回

C. 经被申请人同意的,可以撤回　　D. 不得撤回

**20.** 下列说法中正确的有(　　)。

A. 纳税人采取隐瞒手段进行虚假纳税的属于骗税

B. 阻挠税务机关检查情节严重的,处 5 万元以上的罚款

C. 擅自销毁账簿、记账凭证以少缴税款属于逃税行为

D. 伪造完税凭证且情节不严重的,由税务机关责令改正,处 2 000 元以上 10 000 元以下的罚款

**21.** 下列各项关于纳税申报管理的表述中,错误的有(　　)。

A. 邮寄申报以收到邮寄物的日期为申报日期

B. 纳税人在纳税期内没有应纳税款的,不必办理纳税申报

C. 实行定期定额缴纳税款的纳税人不能使用简易申报方式申报纳税

D. 经核准延期办理纳税申报、报送事项的,无须预缴税款

**22.** 下列属于重大税收违法失信案件的有(　　)。

A. 甲当年伪造账簿,少缴应纳税款 50 万元,当年各税种应纳税总额为 100 万元

B. 乙当年伪造账簿,少缴应纳税款 200 万元,当年各税种应纳税总额为 4 000 万元

C. 丙采取转移财产的手段,妨碍税务机关追缴欠缴的税款,税款额为 15 万元

D. 丁虚开增值税专用发票用于骗取出口退税

**23.** 下列可能属于税法规定的逃税行为的法律责任为(　　)。

A. 处 5 年以下有期徒刑

B. 处 3 年以上 10 年以下有期徒刑

C. 税务机关追缴不缴或者少缴的税款、滞纳金,并处不缴或者少缴的税款 50%以上 5 倍以下的罚款

D. 处 3 年以下有期徒刑

**24.** 纳税人对税务机关的下列具体行政行为不服时,可以申请行政复议,也可以直接向人民法院提起行政诉讼的有(　　)。

A. 确认纳税环节　　B. 税收保全措施

C. 不予开具完税凭证　　D. 停止出口退税权

**25.** 根据税收征收管理法律制度的规定,下列各项中,属于税务机关派出人员在税务检查中应履行的职责有(　　)。

A. 出示税务检查通知书　　B. 出示税务机关的组织机构代码证

C. 为被检查人保守秘密　　D. 出示税务检查人员身份证

**26.** 下列各项中，属于税务行政主体渎职行为的有（　　）。

A. 对依法应当移交司法机关追究刑事责任的不移交

B. 滥用职权，故意刁难纳税人

C. 玩忽职守，少征税款

D. 对检举税收违法行为的纳税人进行打击报复

**27.** 根据税收征收管理法律制度的规定，下列各项关于纳税担保的说法正确的有（　　）。

A. 用于纳税担保的财产、权利的价值不得低于应当缴纳的税款、滞纳金、相关费用

B. 纳税人需要申请行政复议的适用纳税担保

C. 税款滞纳金属于纳税担保范围

D. 实现税款滞纳金的费用不属于纳税担保范围

**28.** 下列关于对账簿、凭证设置的管理表述正确的有（　　）。

A. 从事生产、经营的纳税人应当自领取营业执照或者发生纳税义务之日起 10 日内设置账簿

B. 从事生产、经营的纳税人应当自领取营业执照或者发生纳税义务之日起 15 日内设置账簿

C. 扣缴义务人应当自税收法律、行政法规规定的扣缴义务发生之日起 10 日内，按照所代扣、代收的税种，分别设置代扣代缴、代收代缴税款账簿

D. 扣缴义务人应当自税收法律、行政法规规定的扣缴义务发生之日起 15 日内，按照所代扣、代收的税种，分别设置代扣代缴、代收代缴税款账簿

**29.** 单位和个人使用发票时禁止的行为有（　　）。

A. 转借发票　　B. 转让发票

C. 拆本使用发票　　D. 扩大发票适用范围

**30.** 甲公司所在地因暴雨引发山洪，受此影响，甲公司当月没有进行纳税申报，甲公司主管税务机关认为，甲公司应向税务机关提出申请，经税务机关核准后才能延期申报，遂决定处以 A 公司 3 000 元罚款，A 公司不服拟提起税务行政复议，则下列说法中，错误的有（　　）。

A. 甲公司因不可抗力原因，不能按期办理纳税申报，可以延期办理，并于不可抗力消除后立即向税务机关报告

B. 税务机关对甲公司作出 3 000 元罚款的决定正确

C. 甲公司提起税务行政复议应先交纳罚款

D. 甲公司提起税务行政复议应先提供担保

**31.** 根据税收征收管理法律制度的规定，下列个人财产中，适用税收保全措施的有（　　）。

A. 古董　　B. 家庭代步用的唯一一辆小轿车

C. 金银首饰　　D. 维持生活必需的唯一住房

**32.** 下列纳税申报方式中，符合税收征收管理法规定的有（　　）。

A. 直接申报　　B. 口头申报　　C. 网上申报　　D. 邮寄申报

**33.** 下列属于我国税收征收管理法律制度的主要内容的有（　　）。

A.《中华人民共和国税收征收管理法》　B.《中华人民共和国发票管理办法》

C.《税务行政复议规则》　D.《企业所得税法》

**34.** 根据《税收征收管理法》的规定，在税务检查中，税务机关有权（　）。

A. 检查纳税人的账簿、记账凭证、报表和有关资料

B. 到纳税人的生活场所检查纳税人应纳税的商品、货物或者其他财产

C. 到车站、码头、机场、邮政企业及其分支机构检查纳税人托运、邮寄应纳税商品、货物或者其他财产的有关单据、凭证和有关资料

D. 询问纳税人、扣缴义务人与纳税或者代扣代缴、代收代缴税款有关的问题和情况

**35.** 税务机关作出的下列行政行为，纳税人不服时应当先申请行政复议，对行政复议决定不服再向人民法院提起行政诉讼的有（　）。

A. 罚款　B. 确认征税范围

C. 加收滞纳金　D. 确认抵扣税款

**36.** 下列属于纳税主体的权利的有（　）。

A. 代收税款　B. 依法享受税收优惠

C. 依法要求听证　D. 按期解缴税款

**37.** 下列关于税款征收方式的表述中，正确的有（　）。

A. 对财务会计制度健全，能够如实核算和提供生产经营情况，并能正确计算应纳税额和如实履行纳税义务的纳税人实行查账征收

B. 对生产经营规模较小，产品零星、税源分散、会计账册不健全，但能控制原材料或进销货的小型厂矿和作坊实行查验征收

C. 定额定期征收适用于纳税人财务制度不健全，生产经营不固定，零星分散、流动性大的税源

D. 纳税人申报的计税依据明显偏低，又无正当理由的实行核定征收

**38.** 下列关于税务机关行使税务检查权的表述中，符合税法规定的有（　）。

A. 到纳税人住所检查应纳税的商品、货物和其他财产

B. 责成纳税人提供与纳税有关的文件、证明材料和有关资料

C. 到车站检查纳税人托运货物或者其他财产的有关单据凭证和资料

D. 经县税务局长批准，凭统一格式的检查存款账户许可证，查询案件涉嫌人员的储蓄存款

**39.** 根据税收征收管理法律制度的规定，下列各项中，适用纳税担保的情形有（　）。

A. 纳税人同税务机关在纳税上发生争议而未缴清税款，需要申请行政复议的

B. 纳税人在税务机关责令缴纳应纳税款限期内，有明显转移、隐匿其应纳税的商品、货物以及应纳税收入的迹象的

C. 欠缴税款、滞纳金的纳税人或者其法定代表人需要出境的

D. 从事生产、经营的纳税人未按规定期限缴纳税款，税务机关责令限期缴纳，逾期仍未缴纳的

**40.** 税务机关做出的下列具体行政行为中，申请人不服，应当先向复议机关申请行政复议，对行政复议决定不服的，可以再向人民法院提起行政诉讼的有（　）。

A. 罚款　B. 没收财物和违法所得

C. 加收滞纳金　D. 确认纳税环节

41. 税务机关做出的下列具体行政行为中，申请人不服，可以申请行政复议，也可以直接向人民法院提起行政诉讼的有（　　）。

A. 征收税款行为　　B. 税收保全行为

C. 发票管理行为　　D. 行政处罚行为

42. 根据法律规定，下列各项中，属于逃税行为的有（　　）。

A. 纳税人虚假的纳税申报，不缴或少缴应纳税款

B. 纳税人在账簿上多列支出，不缴或少缴应缴税款

C. 纳税人隐匿账簿、记账凭证，不缴或少缴税款

D. 纳税人伪造账簿、记账凭证，不缴或少缴税款

## 三、判断题

1. 纳税人享受减税、免税待遇的，在减税、免税期间不需办理纳税申报。（　　）
2. 税收机关采取税收保全措施的期限一般不超过 3 个月。（　　）
3. 根据税收征收管理法的规定，消费税各环节的征收管理均适用《征管法》。（　　）
4. 税务机关调查税收违法案件时，查询案件涉嫌人员储蓄存款的，应经县以上税务局（分局）局长批准。（　　）
5. 税务机关调查税务违法案件时，对与案件有关的情况和资料，可以记录、录音、录像、照相和复制。（　　）
6. 纳税人采取欺骗、隐瞒手段进行虚假纳税申报或者不申报，逃避缴纳税款的行为属于欠税。（　　）
7. 对纳税人实施税收强制执行的时候，纳税人所有财产均属于强制执行的范围。（　　）
8. 购销商品、提供或接受服务及从事其他经营活动的单位和个人，对外发生经营业务收取款项，应当由收款方向付款方开具发票。（　　）
9. 纳税担保范围包括实现税款，滞纳金的费用。（　　）
10. 根据税收征收管理法律制度的规定，税务机关在实施税务检查时，可以到车站检查旅客自带物品。（　　）
11. 税收征收管理法属于税收程序法。（　　）
12. 购买方（企业）索取增值税普通发票时，应向销售方提供纳税人识别号或统一社会信用代码。（　　）
13. 税务机关有权力检查纳税人账簿、记账凭证、报表和有关资料，但只能到纳税人单位检查，调出检查时，纳税人有权利拒绝。（　　）
14. 行政复议决定书在复议机关制作行政复议决定书并加盖印章之日起，发生法律效力。（　　）
15. 重大税收违法失信案件信息自公布之日起满 5 年的，停止公布并从公告栏中撤出。（　　）
16. 开具发票应按照规定的时限、顺序、逐栏、全部联次一次性如实开具，并加盖单位财务印章或发票专用章，特殊情况也可以分联次分别开具。（　　）
17. 税收立法权是征税主体享有的最基本、最主要的职权。（　　）
18. 认定为重大税收违法失信案件，且为未作出《税务处理决定书》《税务行政处罚决定书》

的走逃(失联)案件,经税务机关查证处理后,依法向社会公布。 ( )

**19.** 根据增值税发票领用分类分级管理的规定可知,对于税收风险程度较低的纳税人,不限制供应发票。 ( )

**20.** 税务机关派出的人员进行税务检查时,被检查人无权拒绝检查。 ( )

**21.** 选择自行开具增值税专用发票的小规模纳税人,税务机关也可为其代开增值税专用发票。 ( )

**22.** 对于重大税收违法失信案件,经法院裁判确定的实际责任人,与法定代表人或者负责人不一致的,一并公布实际责任人与法定代表人。 ( )

**23.** 税务机关责令纳税人缴纳应纳税款,纳税人不缴纳的,税务机关可以扣押其所有用于生产经营的商品、货物。 ( )

**24.** 税务管理权是征税主体享有的最主要的职权。 ( )

**25.** 为保证效率,复议机关应当自受理申请之日起 60 日内作出行政复议决定,不得延期。 ( )

**26.** 特殊情况下,可以由付款方向收款方开具发票。 ( )

**27.** 税收保全和强制执行权属于征税主体的税款征收权。 ( )

**28.** 根据《征管法》的规定,税收强制执行措施不适用于纳税担保人。 ( )

**29.** 定期定额征收适用于生产经营规模较小、产品零星、税源分散、会计账册不健全,但能控制原材料或进销货的小型厂矿和作坊。 ( )

**30.** 纳税人、扣缴义务人编造虚假计税依据的,由税务机关责令限期改正,并处 1 万元以下的罚款。 ( )

**31.** 纳税人的账簿、会计凭证和报表,应当使用中文。民族自治地方可以同时使用当地通用的一种民族文字。外商投资企业和外国企业可以同时使用一种外国文字。 ( )

**32.** 行政复议期间,申请人申请停止执行具体行政行为的,该具体行政行为可以停止执行。 ( )

**33.** 税务人员应宣传税收法律、行政法规,普及纳税知识,在为纳税人提供纳税咨询服务时可以合理收费。 ( )

**34.** 对国家税务总局的具体行政行为不服的,向国务院申请行政复议。 ( )

**35.** 某公司法定代表人去国外出差,在出境时,税务机关以其尚未结清应纳税款,又未提供担保为由,通知海关阻止其出境,税务机关的做法是正确的。 ( )

# 第八章　劳动合同与社会保险法律制度

## 本章知识框架

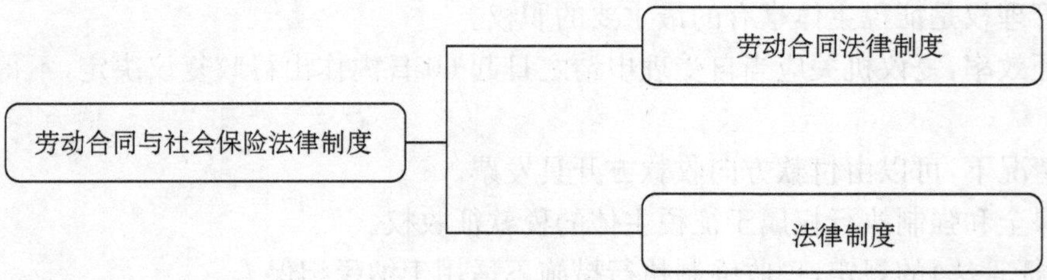


## 本章强化训练

### 一、单项选择题

**1.** 劳动合同期限1年以上不满3年的，试用期最长时间是（　　）个月。

A. 1　　B. 2　　C. 3　　D. 6

**2.** 赵某试用期满后月工资为6 000元，其单位所在地最低工资标准为2 300元，上一年该职位月平均工资为4 200元，由此可知，赵某的试用期最低工资为（　　）元。

A. 3 360　　B. 4 200　　C. 4 800　　D. 2 300

**3.** 2021年2月1日，钱某与甲公司签订了3年期的劳动合同，该合同约定试用期不得超过（　　）个月。

A. 1　　B. 2　　C. 3　　D. 6

**4.** 2020年3月5日，甲公司与张某签订劳动合同，约定合同期限1年，试用期1个月，每月15日发放工资。张某3月9日上岗工作。甲公司与张某建立劳动关系的起始时间是（　　）。

A. 3月5日　　B. 3月9日　　C. 3月15日　　D. 4月9日

**5.** 因特殊原因需要延长工作时间的，在保障劳动者身体健康的条件下延长工作时间，每月不得超过（　　）小时。

A. 6　　B. 12　　C. 24　　D. 36

**6.** 根据社会保险法律制度的规定，下列情形中，认定为工伤的是（　　）。

A. 故意犯罪受伤　　B. 醉酒闹事受伤

C. 心情郁闷而自残　　D. 患职业病的

**7.** 根据劳动合同法律制度的规定，用人单位对已经解除或者终止的劳动合同文本，至少应该保存(　　)年。

A. 1　　B. 2　　C. 10　　D. 15

**8.** 根据社会保险法律制度的规定，普通男性职工法定退休年龄为(　　)周岁。

A. 60　　B. 55　　C. 50　　D. 45

**9.** 参加基本养老保险的个人，达到法定退休年龄，累计缴费满(　　)年的，可以按月领取基本养老金。

A. 10　　B. 15　　C. 20　　D. 25

**10.** 用人单位以担保或者其他名义向劳动者收取财物的，对用人单位处以罚款的标准是每人(　　)。

A. 100 元以上 1 000 元以下　　B. 500 元以上 1 000 元以下

C. 500 元以上 2 000 元以下　　D. 1 000 元以上 2 000 元以下

**11.** 根据《劳动法》的规定，劳动者非因工负伤，医疗期满后，不能从事原工作也不能从事由用人单位另行安排的工作的，用人单位可以解除劳动合同，但是应当提前(　　)日以书面形式通知劳动者本人。

A. 10　　B. 15　　C. 30　　D. 50

**12.** 基本医疗保险个人账户的资金来源，包括个人缴费和用人单位强制性缴费的划入部分。用人单位所缴医疗保险费划入个人医疗账户的比例，一般为(　　)。

A. 2%　　B. 6%　　C. 8%　　D. 30%

**13.** 根据劳动合同法律制度的规定，已经建立劳动关系，未同时订立书面劳动合同的，应当自用工之日起一定时间内订立书面劳动合同。该时间为(　　)。

A. 15 日内　　B. 1 个月内　　C. 2 个月内　　D. 3 个月内

**14.** 下列情形中，不会造成劳动仲裁时效中断的是(　　)。

A. 当事人一方向对方当事人主张权利　　B. 当事人一方向有关部门请求权利救济

C. 对方当事人同意履行义务　　D. 出现不可抗力

**15.** 根据劳动合同法律制度的规定，以下属于劳动合同必备条款的是(　　)。

A. 劳动报酬　　B. 服务期　　C. 保守商业秘密　　D. 试用期

**16.** 用人单位发生合并或者分立等情况时，下列关于原劳动合同效力的表述中，正确的是(　　)。

A. 继续有效　　B. 失去效力

C. 效力视情况而定　　D. 由新的用人单位决定是否有效

**17.** 劳务派遣临时性岗位最长存续时间不得超过(　　)个月。

A. 3　　B. 6　　C. 9　　D. 12

**18.** 下列各项中，不属于失业保险待遇的是(　　)。

A. 领取失业保险金

B. 领取失业保险金期间的死亡补助

C. 领取失业保险金期间的基本医疗保险待遇

D. 领取失业保险金期间的生育医疗费用

**19.** 下列情形中，订立劳动合同的当事人具备主体合法性的是(　　)。

A. 未满 16 周岁的小赵与某杂技团签订的劳动合同

B. 未满16周岁的小钱与某销售公司签订的劳动合同

C. 未满16周岁的小孙与某快递公司签订的劳动合同

D. 未满16周岁的小李与某保安公司签订的劳动合同

**20.** 2018年7月2日，贾某初次就业即到甲公司工作。2020年9月28日，贾某向公司提出当年年休假申请。贾某依法可享受的年休假天数为(　　)天。

A. 0　　B. 5　　C. 10　　D. 15

**21.** 王某因劳动合同终止而失业，已办理登记并有求职要求，此系王某首次失业，已知王某与用人单位累计缴纳失业保险费满12年。王某领取失业保险金的最长期限是(　　)个月。

A. 6　　B. 12　　C. 18　　D. 24

**22.** 下列各项保险中，只需用人单位缴纳的是(　　)。

A. 基本养老保险　　B. 基本医疗保险

C. 失业保险　　D. 工伤保险

**23.** 甲公司高级管理人员张某2020年度月平均工资为15 000元，公司所在地职工月平均工资为4 000元。下列计算2021年甲公司每月应扣缴张某基本养老保险费的算式中，正确的是(　　)。

A. 4 000×2×8%＝640(元)　　B. 15 000×8%＝1 200(元)

C. 4 000×8%＝320(元)　　D. 4 000×3×8%＝960(元)

**24.** 根据劳动争议调解仲裁法律制度的规定，劳动者与用人单位因确认劳动关系发生劳动争议的，应当自知道或应当知道其权利被侵害之日起一定期限内提出仲裁申请。该期限为(　　)。

A. 3年　　B. 6个月　　C. 1年　　D. 2年

**25.** 2020年3月12日，吴某应聘到甲公司工作，每月领取工资2 000元，直至2021年2月12日甲公司方与其订立书面劳动合同，根据劳动合同法律制度的规定，甲公司应依法向吴某支付未及时订立书面劳动合同的工资补偿为(　　)元。

A. 22 000　　B. 20 000　　C. 44 000　　D. 19 000

**26.** 乙劳务派遣公司应甲公司要求，将张某派遣到甲公司工作。根据劳动合同法律制度的规定，下列关于该劳务派遣用工的表述中，正确的是(　　)。

A. 乙公司应向张某按月支付劳动报酬

B. 甲公司可以将张某再派遣到其他用人单位

C. 乙公司可以向张某收取劳务中介费

D. 甲公司与张某之间存在劳动合同关系

**27.** 2021年1月，甲企业职员张某因突发疾病住院治疗。已知张某的实际工作年限为8年，在甲企业的工作年限为6年。根据社会保险法律制度的规定，张某享有的医疗期期间为(　　)个月。

A. 1　　B. 2　　C. 3　　D. 6

**28.** 2021年2月，赵某应聘到甲公司工作，双方口头约定了1个月试用期，但未订立书面劳动合同。根据劳动合同法律制度的规定，关于双方劳动关系建立的下列表述中，正确的是(　　)。

A. 甲公司应与赵某补签劳动合同，双方之间的劳动关系自合同补签之日起建立
B. 赵某与甲公司未订立劳动合同，双方之间未建立劳动关系
C. 赵某与甲公司之间的劳动关系自赵某进入甲公司开始工作时建立
D. 赵某与甲公司之间的劳动关系自试用期满时建立

**29.** 某企业职工王某的月工资为 8 000 元，当地社会月平均工资为 2 500 元，则该职工每月应缴纳的基本养老保险费是(　　)元。

A. 200　　B. 440　　C. 600　　D. 640

**30.** 根据劳动合同法律制度的规定，被派遣劳动者在无工作期间，劳务派遣单位应当按照法定标准向其按月支付报酬。该标准为(　　)。

A. 所在地上年度职工月平均工资
B. 被派遣劳动者在工作期间的月平均工资
C. 劳务派遣单位职工月平均工资
D. 所在地人民政府规定的月最低工资标准

**31.** 用人单位应当自用工之日起(　　)日内为其职工向社会保险经办机构申请办理社会保险登记。

A. 5　　B. 10　　C. 20　　D. 30

**32.** 张某与甲公司于 2020 年 1 月 1 日签订了 1 年期的劳动合同，2020 年 7 月 1 日，甲公司未按合同约定向张某支付 7 月份工资。2021 年 1 月 1 日，劳动合同终止。根据劳动合同法律制度的规定，张某应当在(　　)之前申请劳动仲裁。

A. 2020 年 7 月 1 日　　B. 2021 年 1 月 1 日
C. 2022 年 1 月 1 日　　D. 2021 年 7 月 1 日

**33.** 根据中共中央关于《深化党和国家机构改革方案》，为提高社会保险资金征管效率，将基本养老保险费、基本医疗保险费、失业保险费等各项社会保险费交由(　　)统一征收。

A. 财政部门　　B. 审计部门　　C. 税务部门　　D. 保险监管部门

**34.** 张某是一家电视生产企业的员工，2015 年 2 月 1 日、2018 年 2 月 1 日与企业签订过两次 3 年期劳动合同，且工作表现良好。2021 年 2 月 1 日再签新合同时应签订(　　)。

A. 固定期限的劳动合同
B. 无固定期限的劳动合同
C. 以完成一定工作任务为期限的劳动合同
D. 口头劳动合同

**35.** 黄某在 A 公司任销售人员 5 年，在 B 公司任销售主管 6 年，在 C 公司任销售经理 6 个月。C 公司安排其 2020 年带薪年休假的时间应为(　　)。

A. 不享受年休假　　B. 5 天　　C. 10 天　　D. 15 天

**36.** 劳动合同履行地与用人单位注册地不一致的，有关劳动者的最低工资标准、劳动保护等事项的确定，一般按照(　　)执行。

A. 用人单位注册地　　B. 劳动合同签订地
C. 劳动者居住地　　D. 劳动合同履行地

**37.** 王某是某企业职工，2018 年 3 月与企业签订了为期 5 年的劳动合同，2021 年 2 月，企业因经营规模缩小，与王某协商解除劳动合同，王某同意。下列表述在解除该劳动合同中

做法正确的是(　　)。

A. 企业应当向王某支付经济补偿

B. 企业应当向王某支付违约金

C. 企业应当向王某支付赔偿金

D. 企业与王某就劳动合同解除达成一致,企业不用支付任何费用

**38.** 下列说法中,不正确的是(　　)。

A. 劳动合同用工是我国企业的基本用工形式

B. 劳务派遣用工只能在临时性、辅助性或者替代性的工作岗位上实施

C. 劳务派遣单位应当与被派遣劳动者订立2年以下的固定期限劳动合同,按月支付劳动报酬

D. 被派遣劳动者在无工作期间,劳务派遣单位应当按照所在地人民政府规定的最低工资标准,向其按月支付报酬

**39.** 某餐饮公司员工刘某、黄某、张某在工作时间和休假等问题上与公司发生劳动争议,经相关调解组织调解无效,于2020年12月15日到当地有管辖权的劳动仲裁机构申请仲裁,下列有关该仲裁审理表述正确的是(　　)。

A. 刘某、张某推举黄某担任该仲裁的当事人代表

B. 三人向劳动仲裁机构递交了书面仲裁申请

C. 劳动仲裁机构于12月25日向三个申请人发出受理通知

D. 劳动仲裁的裁决书经双方签收后发生法律效力

**40.** 某企业职员钱某的月工资为6 000元,已知当地职工基本医疗保险的单位缴费率为6%,职工个人缴费率为2%,用人单位所缴纳医疗保险费划入个人医疗账户的比例为30%。下列关于钱某个人医疗保险账户每月的储存额计算中,正确的是(　　)。

A. 6 000×2%=120(元)

B. 6 000×6%×30%=108(元)

C. 6 000×2%+6 000×6%×30%=228(元)

D. 6 000×2%+6 000×6%=480(元)

**41.** 下列情形不可以认定为工伤的是(　　)。

A. 在工作时间和工作岗位,突发疾病死亡或者在48小时之内经抢救无效死亡的

B. 在抢险救灾等维护国家利益、公共利益活动中受到伤害的

C. 职工原在军队服役,因战、因公负伤致残,已取得革命伤残军人证,到用人单位后旧伤复发的

D. 因吸毒过量导致死亡的

**42.** 贾某因劳动合同终止而失业,已办理登记并有求职要求,此系贾某首次失业,已知贾某与用人单位累计缴纳失业保险费满8年。贾某领取失业保险金的最长期限是(　　)个月。

A. 6　　B. 12　　C. 18　　D. 24

**43.** 赵某大学毕业后到甲公司工作。公司与其签订了2018年7月1日至2021年6月30日的3年期合同,并为赵某办理了失业保险。工作期间,因赵某严重违反单位规章制度,甲公司于2020年12月31日解除了劳动合同。此后赵某一直未能找到工作,遂于2021

年2月1日办理了失业登记。则赵某领取失业保险金的期限为(　)。

A. 2021年1月1日至2021年6月30日

B. 2021年1月1日至2021年12月31日

C. 2021年2月1日至2021年9月30日

D. 2021年2月1日至2022年1月31日

**44.** 某公司职员李某的月工资为5 000元,当地社会月平均工资为3 000元,李某个人医疗保险账户每月的储存额为(　　)元。

A. 90　　B. 100　　C. 190　　D. 114

**45.** 2019年10月,张某到甲公司工作。2020年11月,甲公司与张某口头商定将其月工资由原来的4 500元提高至5 400元。双方实际履行3个月后,甲公司法定代表人变更。新任法定代表人认为该劳动合同内容变更未采用书面形式,变更无效,决定仍按原每月4 500元的标准向张某支付工资。张某表示异议并最终提起诉讼。关于双方口头变更劳动合同效力的下列表述中,正确的是(　)。

A. 双方口头变更劳动合同且实际履行已超过1个月,该劳动合同变更有效

B. 劳动合同变更在实际履行3个月期间有效,此后无效

C. 因双方未采取书面形式,该劳动合同变更无效

D. 双方口头变更劳动合同但实际履行未超过6个月,该劳动合同变更无效

**46.** 公司职工甲因工作疏忽给公司造成经济损失10 000元,已知甲每月工资收入为2 500元,当地月最低工资标准为1 800元。根据劳动合同法律制度的规定,该公司可从甲每月工资中扣除的最高限额为(　)元。

A. 500　　B. 700　　C. 800　　D. 1 000

**47.** 2020年3月1日,甲公司聘用赵某并与其订立了2年期限劳动合同,约定试用期4个月,试用期月工资3 600元,试用期满后月工资4 500元。试用期间,甲公司依照约定向赵某支付了试用期工资。2020年11月4日,赵某以试用期约定违法为由,要求甲公司支付赔偿金。已知甲公司所在地月最低工资标准为2 000元,甲公司依法应向赵某支付的赔偿金数额为(　)元。

A. 4 000　　B. 7 200　　C. 1 800　　D. 9 000

**48.** 孙某在甲企业的月工资为2 000元,当地最低月工资标准为700元,孙某因患病在家中病休。根据劳动合同法律制度的规定,在医疗期内,孙某的病假工资不得低于(　　)元。

A. 560　　B. 700　　C. 1 600　　D. 2 000

**49.** 吴某在定点医院做外科手术,共发生医疗费用18万元,其中在规定医疗目录内的费用为15万元,目录以外费用3万元。当地职工平均工资水平为2 000元/月。应由基本医疗保险基金支付的医疗费用为(　　)元。

A. 150 000　　B. 144 000　　C. 129 600　　D. 127 440

**50.** 张某自大学毕业后,实际工作年限为13年,在甲公司的工作年限为3年。2019年4月1日,张某因患病开始在家中休息。根据社会保险法律制度的规定,下列表述中,不正确的是(　)。

A. 张某享有的医疗期为6个月

B. 自2019年4月1日至2020年3月31日，如果张某累计病休6个月，则医疗期满

C. 在计算张某的累计病休时间时，病休期间的公休、假日和法定节日不包括在内

D. 医疗期内遇合同期满，则合同必须续延至医疗期满，张某在此期间仍然享受医疗期内待遇

**51.** 某公司为员工张某支付培训费10 000元，约定服务期为5年，3年后，张某以劳动合同期满为由，不肯再续签合同。公司可以要求其支付的违约金最高数额为(　　)元。

A. 10 000　　B. 6 000　　C. 4 000　　D. 0

**52.** 张某于2020年1月1日起开始在甲公司工作，2020年1月11日，甲公司的劳动人事部门书面通知张某订立书面劳动合同，遭到张某的拒绝。根据劳动合同法律制度的规定，甲公司的下列做法中，不符合规定的是(　　)。

A. 书面通知张某终止劳动关系

B. 未向张某支付经济补偿

C. 向张某支付了其实际工作时间的劳动报酬

D. 未向张某支付其实际工作时间的劳动报酬

**53.** 下列劳务派遣用工形式中，符合法律规定的是(　　)。

A. 甲公司设立劳务派遣公司向其所属分公司派遣劳动者

B. 乙公司将使用的被派遣劳动者又派遣到其他公司工作

C. 丙劳务派遣公司以非全日制用工形式招用被派遣劳动者

D. 丁公司使用的被派遣劳动者数量达到其用工总量的5%

**54.** 劳务派遣关系中，甲公司为劳务派遣公司，乙公司为用工单位，丙公司为甲公司的下属分公司，赵某为被派遣劳动者。下列关于劳务派遣用工的表述中，正确的是(　　)。

A. 该工作岗位的存续时间可为8个月

B. 甲公司以非全日制用工形式招用赵某

C. 乙公司不得再将赵某派遣到其他用人单位

D. 甲公司可以将赵某派遣到丙公司

**55.** 根据劳动合同法律制度的规定，集体合同的订立由用人单位和职工各自派出集体协商代表，通过集体协商会议的方式确定。下列关于集体协商代表人数的表述中，正确的是(　　)。

A. 集体协商双方代表人数应当对等，每方至少3人，并确定1名首席代表

B. 集体协商职工代表应当为2～5人，并确定1名首席代表

C. 集体协商双方代表人数应当对等，每方至少3人，并各自确定1名首席代表

D. 集体协商职工代表应当为1～3人的单数，并确定1名首席代表

**56.** 根据劳动合同法律制度的规定，下列情形中，不属于经济性裁员的是(　　)。

A. 依照破产法规定进行重整的

B. 生产经营发生严重困难的

C. 企业转产、重大技术革新或者经营方式调整，经变更劳动合同后，仍需裁减人员

D. 用人单位被依法宣告破产的

**57.** 2019年2月1日，赵某与甲公司建立了劳动关系，到2020年2月3日，甲公司才与赵某签订书面劳动合同。赵某月工资为3 000元，甲公司无拖欠工资等其他违法违规行为。

根据规定，赵某可要求甲公司再支付(　　)元工资。

A. 27 000　　B. 30 000　　C. 33 000　　D. 36 000

## 二、多项选择题

**1.** 下列医疗费用不属于基本医疗保险基金支付范围的有(　　)。

A. 应当从工伤保险基金中支付的医疗费用

B. 应当由第三人负担的医疗费用

C. 在境外就医的医疗费用

D. 应当由公共卫生负担的医疗费用

**2.** 某市一餐饮公司招聘餐厅服务员，在签订劳动合同时，下列做法不符合法律规定的有(　　)。

A. 要求受聘人员详细填写个人姓名、年龄、民族、户籍所在地、现居住地及工作经历

B. 要求录用的本地人员提交身份证复印件

C. 要求录用的外地人员在工作期间将暂住证或身份证交予公司保管

D. 要求录用的员工每人交付工作服押金 500 元人民币

**3.** 下列属于用人单位可不与劳动者订立无固定期限劳动合同的法定情形为(　　)。

A. 劳动者严重违反用人单位的规章制度的

B. 劳动者严重失职，营私舞弊，给用人单位造成重大损害的

C. 劳动者被依法追究刑事责任的

D. 劳动者不能胜任工作，经过培训或者调整工作岗位，仍不能胜任工作的

**4.** 根据社会保险法律制度的规定，职工有下列情形之一的，应视同工伤的有(　　)。

A. 在工作时间和工作岗位，突发疾病死亡或者在 48 小时内经抢救无效死亡的

B. 在上下班途中，受到非本人主要责任的交通事故致伤的

C. 在抢险救灾等维护国家利益、公共利益活动中受到伤害的

D. 原在军队服役，因战、因公负伤致残，已取得革命伤残军人证，到用人单位后旧伤复发的

**5.** 关于劳动合同的履行与变更，下列各项中说法正确的有(　　)。

A. 劳动者拒绝用人单位管理人员违章指挥作业的，不视为违反劳动合同

B. 用人单位变更投资人，不影响劳动合同的履行

C. 用人单位发生合并，原劳动合同继续有效

D. 用人单位的加班时间及加班费可以随意制定

**6.** 根据社会保险法律制度的规定，下列各项中，属于停止领取失业保险金并且同时停止享受其他失业保险待遇的情形有(　　)。

A. 重新就业的　　B. 应征服兵役的

C. 移居境外的　　D. 享受基本养老保险待遇的

**7.** 根据社会保险法律制度的规定，下列关于医疗期间的说法，正确的有(　　)。

A. 医疗期间最长为 2 年

B. 实际工作年限 10 年以下的，在本单位工作年限 5 年以下的为 3 个月

C. 实际工作年限 10 年以上的，在本单位工作年限 5 年以下的为 6 个月

D. 实际工作年限10年以上的，在本单位工作年限10年以上15年以下的为12个月

**8.** 下列属于劳动合同必备条款的有（　　）。

A. 劳动合同期限　B. 工作时间　　C. 职工培训　　D. 试用期

**9.** 钱某在去公司上班的路上被机动车撞伤，事后被依法认定为工伤。下列可能发生的费用中，由工伤保险基金支付的有（　　）。

A. 住院伙食补助费　　　　　　B. 治疗工伤的医疗费用和康复费用

C. 到统筹地区以外就医的交通食宿费　D. 安装配置伤残辅助器具所需费用

**10.** 根据劳动合同法律制度的规定，下列各项中，用人单位和劳动者不得约定违约金的有（　　）。

A. 竞业限制　　B. 劳动合同期限　C. 工作时间　　D. 服务期

**11.** 下列各项中，人民法院适用竞业限制条款处理劳动争议案件时应予以支持的有（　　）。

A. 在竞业限制期限内，用人单位解除竞业限制协议时，劳动者要求用人单位额外支付3个月竞业限制经济补偿的

B. 劳动者违反竞业限制约定，向用人单位支付违约金后，用人单位要求劳动者按照约定继续履行竞业限制义务的

C. 劳动合同解除后，履行了竞业限制义务的劳动者按照协议约定要求用人单位支付竞业限制经济补偿的

D. 劳动合同解除后，因用人单位的原因导致3个月未支付竞业限制经济补偿，劳动者要求解除竞业限制约定的

**12.** 根据劳动合同法律制度的规定，下列说法中正确的有（　　）。

A. 用人单位变更名称、法定代表人、主要负责人或者投资人等事项，影响劳动合同的履行

B. 用人单位发生合或者分立等情况，原劳动合同继续有效，劳动合同由继承其权利和义务的用人单位继续履行

C. 劳动者拒绝用人单位管理人员违章指挥、强令冒险作业的，不视为违反劳动合同

D. 劳动者对危害生命安全和身体健康的劳动条件，有权对用人单位提出批评、检举和控告

**13.** 用人单位与劳动者终止劳动合同的下列情形中，用人单位需要支付劳动者经济补偿的有（　　）。

A. 用人单位被依法宣告破产而终止劳动合同的

B. 用人单位被吊销营业执照而终止劳动合同的

C. 用人单位被责令关闭而终止劳动合同的

D. 用人单位决定提前解散而终止劳动合同的

**14.** 孙某参加了基本养老保险，后孙某因病去世，其遗属按照国家规定可以领取的有（　　）。

A. 经济补偿金　B. 丧葬补助金　　C. 政府补贴　　D. 抚恤金

**15.** 根据《劳动争议调解仲裁法》的规定，下列关于劳动仲裁的表述中，正确的有（　　）。

A. 劳动争议仲裁应公开进行，但当事人协议不公开进行或者涉及国家秘密、商业秘密和个人隐私的除外

B. 当事人申请劳动争议仲裁后，可以自行和解，达成和解协议的，可以撤回仲裁申请
C. 裁决应当按照多数仲裁员的意见作出，仲裁庭不能形成多数意见时，裁决应当按照首席仲裁员的意见作出
D. 当事人对发生法律效力的调解书、裁决书，一方当事人逾期不履行的，另一方当事人可以依照《民事诉讼法》的有关规定向人民法院申请执行

**16.** 根据劳动合同法律制度的规定。关于劳动报酬支付的下列表述中，正确的有(　　)。
A. 用人单位可以采用多种形式支付工资，如货币、有价证券、实物等
B. 工资至少每月支付一次，实行周、日、小时工资制的可按周、日、小时支付工资
C. 对完成一次性临时劳动的劳动者，用人单位应按协议在其完成劳动任务后即支付工资
D. 约定支付工资的日期遇节假日或者休息日的，应提前在最近的工作日支付

**17.** 根据劳动合同法律制度的规定，关于劳务派遣的下列表述中，正确的有(　　)。
A. 劳动合同关系存在于劳务派遣单位与被派遣劳动者之间
B. 劳务派遣单位是用人单位，接受以劳务派遣形式用工的单位是用工单位
C. 被派遣劳动者的劳动报酬可低于用工单位同类岗位劳动者的劳动报酬
D. 被派遣劳动者不能参加用工单位的工会

**18.** 根据劳动合同法律制度的规定，下列各项中，属于用人单位可依据法定程序进行经济性裁员的情形有(　　)。
A. 企业转产，经变更劳动合同后，仍需裁减人员的
B. 依照企业破产法规定进行重整的
C. 企业重大技术革新，经变更劳动合同后，仍需裁减人员的
D. 生产经营发生严重困难的

**19.** 根据劳动合同法律制度的规定，下列关于劳动合同履行的表述中，正确的有(　　)。
A. 用人单位拖欠劳动报酬的，劳动者可以依法向人民法院申请支付令
B. 用人单位发生合并或者分立等情况，原劳动合同不再继续履行
C. 劳动者拒绝用人单位管理人员违章指挥、强令冒险作业的，不视为违反劳动合同
D. 用人单位变更名称的，不影响劳动合同的履行

**20.** 根据劳动合同法律制度的规定，下列各项中，用人单位需承担的义务有(　　)。
A. 告知劳动者工作内容、工作条件、工作地点、职业危害，安全生产状况、劳动报酬等情况
B. 不得扣押劳动者相关证件
C. 不得向劳动者索取财物
D. 不得要求劳动者提供担保

**21.** 根据劳动合同法律制度的规定，下列工作岗位中，企业可以采用劳务派遣用工形式的有(　　)。
A. 主营业务岗位　B. 替代性岗位　C. 临时性岗位　D. 辅助性岗位

**22.** 根据劳动合同法律制度的规定，用人单位与劳动者发生争议，可以采取的解决方法包括(　　)。
A. 协商　B. 调解　C. 仲裁　D. 诉讼

**23.** 2013年张某初次就业到甲公司工作。2020年初，张某患重病向公司申请病休。关于张某享受医疗期待遇的下列表述中，正确的有（　　）。

A. 医疗期内，甲公司必须按照张某病休前的工资待遇向其支付病假工资

B. 张某可享受不超过6个月的医疗期

C. 公休、假日和法定节日不包括在医疗期内

D. 医疗期内，甲公司不得单方面解除劳动合同

**24.** 关于基本养老保险基金的支付，下列说法中正确的有（　　）。

A. 参加基本养老保险的个人，因工死亡的，其遗属可以领取丧葬补助金，所需资金从基本养老保险基金中支付

B. 个人死亡同时符合领取基本养老保险丧葬补助金、工伤保险丧葬补助金和失业保险丧葬补助金条件的，其遗属可以全部领取上述保险金

C. 参加职工基本养老保险的个人死亡后，其个人账户中的余额可以全部依法继承

D. 参加基本养老保险的个人，在未达到法定退休年龄时因病或者非因工致残完全丧失劳动能力的，可以领取病残津贴，所需资金从基本养老保险基金中支付

**25.** 根据社会保险法律制度的规定，下列关于医疗期的表述中，不正确的有（　　）。

A. 医疗期内可以解除劳动合同

B. 如医疗期内遇合同期满，合同不必续延至医疗期满

C. 对某些患有特殊疾病的职工，在12个月内尚不能痊愈的，经企业和劳动主管部门批准，可以适当延长医疗期

D. 医疗期的计算从病休第一天开始，累计计算

**26.** 根据劳动合同法律制度的规定，劳动者单方面解除劳动合同的下列情形中，不能获得经济补偿的有（　　）。

A. 劳动者提前30日以书面形式通知用人单位解除劳动合同的

B. 劳动者因用人单位未按照劳动合同约定提供劳动保护而解除劳动合同的

C. 劳动者因用人单位未及时足额支付劳动报酬而解除劳动合同的

D. 劳动者在试用期内提前3日通知用人单位解除劳动合同的

**27.** 根据劳动合同法律制度的规定，下列关于职工带薪年休假制度的表述中，正确的有（　　）。

A. 职工连续工作1年以上方可享受年休假

B. 机关、团体、企业、事业单位、民办非企业单位、有雇工的个体工商户等单位的职工均可依法享受年休假

C. 国家法定休假日、休息日不计入年休假的假期

D. 职工在年休假期间享受与正常工作期间相同的工资收入

**28.** 关于《职工带薪年休假条例》的有关规定，以下表述正确的有（　　）。

A. 职工在年休假期间享受与正常工作期间相同的工资收入

B. 职工累计工作已满10年不满20年的，年休假10天

C. 国家法定休假日、休息日计入年休假的假期

D. 职工依法享受寒暑假，其休假天数多于年休假天数的可以享受年休假

**29.** 赵某于2020年8月进入甲公司工作，公司按月对其支付工资。至2020年底，公司尚未

与赵某签订任何形式的劳动合同。下列关于公司与赵某之间劳动关系的表述中，正确的有（　　）。

A. 公司与赵某之间不存在劳动关系

B. 公司与赵某之间可视为已订立无固定期限劳动合同

C. 公司应与赵某补签劳动合同

D. 赵某可与公司终止劳动关系，公司则应支付经济补偿

**30.** 根据社会保险法律制度的规定，下列人员中，属于工伤保险覆盖范围的有（　　）。

A. 个体工商户的雇工　　B. 国有企业职工

C. 事业单位职工　　D. 民办非企业单位职工

**31.** 下列劳动合同无效或者部分无效的有（　　）。

A. 以欺诈、胁迫等手段迫使对方签订的劳动合同

B. 用人单位免除自己的法定责任、排除劳动者权利的劳动合同

C. 非法传销组织与劳动者订立的劳动合同

D. 大学应届毕业生李某与甲公司签订的劳动合同

**32.** 下列有关劳动合同效力说法错误的有（　　）。

A. 劳动合同依法订立，经公证后生效

B. 用人单位免除自己的法定责任、排除劳动者权利的劳动合同无效

C. 劳动合同部分无效。不影响其他有效部分的效力

D. 对劳动合同效力有争议的，由用人单位和劳动者协商确定

**33.** 下列有关劳动合同解除的情形，正确的有（　　）。

A. 张某是甲企业的销售经理，2019 年 4 月 1 日其与总经理面谈提出自 5 月 1 日解除与企业的劳动合同

B. 赵某与乙企业 2020 年 9 月 1 日签订 3 年期的劳动合同，试用期 2 个月；2020 年 10 月 25 日赵某通知乙企业解除劳动合同

C. 丙企业员工王某因抢劫犯罪被法院依法判处有期徒刑 5 年，丙企业与之解除劳动合同

D. 丁企业被债权人申请破产而进入重整程序，为此需要裁减员工 120 人，丁企业应当向裁减的劳动者支付赔偿金

**34.** 根据劳动合同法律制度的规定，劳动者不需要事先告知用人单位即可解除劳动合同的情形有（　　）。

A. 用人单位以暴力、威胁或者非法限制人身自由的手段强迫劳动者劳动的

B. 用人单位违章指挥、强令冒险作业危及劳动者人身安全的

C. 用人单位未按照劳动合同约定提供劳动保护或者劳动条件的

D. 用人单位未及时足额支付劳动报酬的

**35.** 用人单位裁减人员时，应当优先留用的下列人员有（　　）。

A. 与本单位订立较长期限的固定期限劳动合同的

B. 与本单位订立无固定期限劳动合同的

C. 家庭无其他就业人员，有需要扶养的老人或者未成年人的

D. 高级技术人员

**36.** 在劳动仲裁中，下列仲裁员应当回避的情形包括(　　)。

A. 仲裁员甲的儿子在其审理的劳动争议案件的被申请单位任技术科长

B. 仲裁员乙曾在其审理的劳动争议案件的被申请人单位担任法律顾问

C. 仲裁员丙与其审理的劳动争议案件的申请人毕业于同一所高中

D. 仲裁员丁是其审理的劳动争议案件的申请人的姐夫

**37.** 根据社会保险法律制度的规定，下列关于失业保险的表述中，正确的有(　　)。

A. 由用人单位按照国家规定缴纳失业保险费，职工不缴纳失业保险费

B. 失业前用人单位和本人已经缴纳失业保险费满 15 年的，才能享受失业保险待遇

C. 失业保险金的领取期限自办理失业登记之日起计算

D. 重新就业后，再次失业的，缴费时间重新计算，领取失业保险金的期限与前次失业应当领取而尚未领取的失业保险金的期限合并计算，最长不超过 24 个月

**38.** 根据劳动合同法律制度的规定，下列关于无效劳动合同法律后果的表述中，不正确的有(　　)。

A. 无效劳动合同、从被确认无效时起就没有法律约束力

B. 劳动合同部分无效，不影响其他部分效力的，其他部分也不产生法律效力

C. 劳动合同被确认无效，给对方造成损害的，有过错的一方应承担赔偿责任

D. 劳动合同被确认无效，劳动者已付出劳动的，用人单位无须支付劳动报酬

**39.** 根据劳动合同法律制度的规定，下列情形中，职工不能享受当年年休假的有(　　)。

A. 依法享受寒暑假，其休假天数多于年休假天数的

B. 请事假累计 20 天以上，且单位按照规定不扣工资的

C. 累计工作满 1 年不满 10 年，请病假累计 2 个月以上的

D. 累计工作满 20 年以上，请病假累计满 3 个月的

**40.** 根据劳动合同法律制度的规定，劳动者存在下列情形之一时，用人单位可随时通知解除劳动合同的有(　　)。

A. 在试用期间被证明不符合录用条件　　B. 违反劳动纪律

C. 严重违反用人单位规章制度　　D. 被依法追究民事责任

**41.** 经济补偿基数的计算标准，工资按照劳动者应得工资计算，包括(　　)。

A. 工资　　B. 奖金　　C. 津贴　　D. 补贴

三、判断题

**1.** 根据劳动合同法律制度的规定，以完成一定工作任务为期限的劳动合同不得约定试用期。(　　)

**2.** 用人单位与劳动者订立劳动合同应约定不少于 3 个月的试用期。(　　)

**3.** 根据规定，用人单位的劳动规章制度应当在单位内公示或者告知劳动者，否则对劳动者没有约束力。(　　)

**4.** 根据规定，用人单位与劳动者解除劳动合同，必须向劳动者支付经济赔偿金。

**5.** 从事同类业务的竞业限制期限，不得超过 6 个月。(　　)

**6.** 劳动合同部分无效条款将导致合同的其他正常条款均处于无效状态。(　　)

**7.** 劳务派遣用工表现较好的，用工单位可将其安排到主营业务岗位。(　　)

8. 拖欠工资诉讼时效为3年。（　）

9. 根据中共中央关于《深化党和国家机构改革方案》，为提高社会保险资金征管效率，将基本养老保险费、基本医疗保险费、失业保险费等各项社会保险费交由财政部门统一征收。（　）

10. 五级、六级伤残职工按月领取的伤残津贴，应由工伤保险基金支付。（　）

11. 赵某失业后，在领取了一年的失业保险后，被应征服兵役，该职工应该停止领取失业保险金。（　）

12. 用人单位应按季度将代扣代缴社会保险费的明细情况告知职工本人。（　）

13. 用人单位可与单位的所有职员约定竞业限制。（　）

14. 用人单位与劳动者约定服务期的，不影响按照正常的工资调整机制提高劳动者在服务期期间的劳动报酬。（　）

15. 由用人单位提出解除劳动合同而与劳动者协商一致的，用人单位无须向劳动者支付经济补偿。（　）

16. 由劳动者主动辞职而与用人单位协商一致解除劳动合同的，用人单位无须向劳动者支付经济补偿。（　）

17. 用人单位未及时足额支付劳动报酬的，劳动者单方面可随时通知公司解除劳动合同。（　）

18. 劳动者对劳动争议的终局裁决不服的，可以自收到仲裁裁决书之日起30日内向人民法院提起诉讼。（　）

19. 用人单位自用工之日起满1年不与劳动订立书面劳动合同的，视为用人单位自用工之日起满1年的当日已经与劳动者订立无固定期限劳动合同。（　）

20. 根据《劳动合同法》的规定，我国实行劳动者每日工作8小时、每周工作40小时的工时制度是综合计算工时制。（　）

21. 所有签订劳动合同的劳动者都必须年满16周岁，有劳动权利能力和行为能力。（　）

22. 因工外出期间，由于工作原因受到伤害或者发生事故下落不明的，应当认定为工伤。（　）

23. 最低工资标准包括以货币形式发放的住房补贴。（　）

24. 双方签订了劳动合同，在履行劳动合同的过程中，用人单位和劳动者就具有了支配与被支配、管理与服从的从属关系。（　）

25. 男性职工年满60周岁，达到法定的企业职工退休年龄即可领取职工基本养老保险。（　）

26. 基本养老保险社会统筹部分主要由个人缴纳。（　）

27. 甲公司招用王某时，暂时扣押了王某的机动车驾驶证，甲公司的做法不符合法律规定。（　）

28. 在试用期内解除劳动合同后，用人单位再次招用该劳动者时，不得再约定试用期。（　）

29. 职工基本医疗保险参保人员符合基本医疗保险支付范围的医疗费用中，在社会医疗统筹基金中全额支付。（　）

30. 医疗费用应当由第三人负担，第三人不支付或无法确定第三人的，由职工先行支付，然

后向第三人追偿。 ( )

**31.** 病假工资或疾病救济费可以低于当地最低工资标准支付，但最低不能低于最低工资标准的70%。 ( )

**32.** 工伤保险费由用人单位缴纳，职工个人不缴纳。 ( )

**33.** 一级至四级伤残职工在停工留薪期满后死亡的，其近亲属可以享受丧葬补助金和供养亲属抚恤金两项遗属待遇，不享受一次性工亡补助金待遇。 ( )

**34.** 用人单位设立的分支机构，未依法取得营业执照或者登记证书的，不可以与劳动者签订劳动合同。 ( )

**四、不定项选择题**

2020年1月，甲公司与乙公司签订劳务派遣协议，派遣刘某到乙公司从事临时性工作。2020年5月，临时性工作结束，两公司未再给刘某安排工作，也未再向其支付任何报酬。2020年7月，刘某得知自2020年1月被派遣以来，两公司均未为其缴纳社会保险费，遂提出解除劳动合同。

要求：根据上述资料，不考虑其他因素，分析回答下列问题。

(1) 下列关于甲公司、乙公司以及刘某之间劳务关系的表述中，正确的是( )。

A. 刘某与乙公司建立劳动合同关系

B. 刘某与甲公司建立劳动合同关系

C. 刘某与甲公司、乙公司均未建立劳动合同关系

D. 甲公司与乙公司存在劳务租赁关系

(2) 下列关于刘某无工作期间报酬享有的表述中，正确的是( )。

A. 刘某不享有报酬

B. 乙公司应当按月向其支付报酬

C. 刘某享受报酬的标准为支付单位所在地的最低工资标准

D. 甲公司应按月向其支付报酬

(3) 刘某解除与甲公司的劳动合同应采取的方式是( )。

A. 两公司均未为刘某缴纳社会保险费，刘某无须告知公司即可解除

B. 应提前30日通知公司解除

C. 可随时通知公司解除

D. 应与甲公司签订解除劳动合同协议，方可解除原先签订的劳动合同

(4) 该劳动合同解除时经济补偿金支付的下列表述中，正确的是( )。

A. 甲、乙两公司均无须向刘某支付经济补偿金

B. 乙公司应向刘某支付经济补偿金

C. 甲公司应向刘某支付经济补偿金

D. 甲无须向刘某支付经济补偿金

# 综合模拟试卷一

**一、单选题**(每小题备选答案中,只有一个符合题意的正确答案。每题2分,错选、不选均不得分。)

**1.** 根据刑事法律制度的规定,下列各项中,属于管制法定量刑期的是(　　)。

A. 15天以下　　B. 1个月以上6个月以下

C. 3个月以上2年以下　　D. 6个月以上15年以下

**2.** 根据《行政复议法》的规定,下列表述错误的是(　　)。

A. 对县级以上地方各级人民政府工作部门的具体行政行为不服的,可以向该部门的本级人民政府申请行政复议,也可以向上一级主管部门申请行政复议

B. 对海关、金融等实行垂直领导的行政机关和国家安全机关的具体行政行为不服的,向本级主管部门申请行政复议

C. 对地方各级人民政府的具体行政行为不服的、向上一级人民政府申请行政复议

D. 对国务院部门的具体行政行为不服的,向作出该具体行政行为的国务院部门申请行政复议

**3.** 关于会计账簿记录发生错误的更正方法,下列说法不正确的是(　　)。

A. 由于记账凭证错误面使账簿记录发生错误,应按更正的记账凭证登记账簿

B. 对于错误的数字,应全部划红线更正

C. 对于文字错误,可只划去错误的部分

D. 账簿记录发生错误,可将错误的文字涂改后重新填写

**4.** 单位会计杜某采用涂改手段,将金额为1万元的购货发票改为4万元。根据有关规定。该行为属于(　　)。

A. 伪造会计凭证　　B. 变造会计凭证

C. 伪造会计账簿　　D. 变造会计账簿

**5.** 根据支付结算法律制度的规定,下列有关汇兑的表述中,不正确的是(　　)。

A. 汇兑分为信汇和电汇两种

B. 汇兑每笔金额1万元起

C. 汇兑适用于单位和个人各种款项的结算

D. 汇兑是汇款人委托银行将其款项支付给收款人的结算方式

**6.** 下列方法中,(　　)是我国《票据法》未予认可的票据权利补救方法。

A. 公示催告　　B. 声明作废　　C. 挂失止付　　D. 普通诉讼

**7.** 甲遗失一张汇票,在其通知挂失止付后(　　)日内,可依法向法院申请公示催告。

A. 3　　B. 5　　C. 12　　D. 15

**8.** 某进出口公司 2020 年 10 月 7 日报关进口一批小轿车，海关于当日填开完税凭证，该公司进口消费税的最后纳税时间为（　　）。

A. 10 月 13 日　　B. 10 月 14 日　　C. 10 月 16 日　　D. 10 月 21 日

**9.** 某酒业制造公司生产各种白酒，2020 年 9 月领用上月外购的酒精继续加工成高档白酒，销售给某外贸企业 5 000 斤，开具的增值税专用发票上注明的销售额为 500 万元。已知上月外购的酒精不含税价格为 185 万元，取得专用发票，本月生产领用 80%的外购酒精。该公司应缴消费税（　　）万元。

A. 100.25　　B. 147.48　　C. 130.80　　D. 154.59

**10.** 以下不符合“营改增”试点行业销售额规定的是（　　）。

A. 存款利息，以利息收入全额为销售额

B. 贷款服务，以提供贷款服务取得的全部利息及利息性质的收入为销售额

C. 金融商品转让，按照卖出价扣除买入价后的余额为销售额

D. 航空运输企业的销售额，不包括代收的机场建设费和代售其他航空运输企业客票而代收转付的价款

**11.** 根据消费税法律制度的规定，对部分应税消费品实行从量定额和从价定率相结合的复合计税办法。下列各项中，实行复合计税的消费品是（　　）。

A. 烟丝　　B. 雪茄烟　　C. 粮食白酒　　D. 高档手表

**12.** 根据企业所得税的相关规定，下列关于固定资产大修理支出的说法正确的是（　　）。

A. 修理后固定资产被用于新的或不同的用途

B. 修理后固定资产的使用年限需延长 5 年以上

C. 修理后固定资产的使用年限需延长 2 年以上

D. 修理支出需达到取得固定资产时计税基础的 100%以上

**13.** 根据企业所得税法律制度的规定，纳税人应当自年度终了后一定期限内向税务机关报送年度企业所得税纳税申报表，并汇算清缴，结清应缴应退税款。该期限是（　　）。

A. 自年度终了之日起 15 日内　　B. 自年度终了之日起 30 日内

C. 自年度终了之日起 3 个月内　　D. 自年度终了之日起 5 个月内

**14.** 根据个人所得税法律制度的规定，下列各项中，不免征个人所得税的是（　　）。

A. 提取个人缴付的住房公积金

B. 转让商用房产所得

C. 转让自用 6 年，且是唯一的家庭生活用房所得

D. 外籍高管以非现金形式取得的住房补贴

**15.** 某公司 2019 年度支出合理的工资薪金总额 1 000 万元，按规定标准为职工缴纳基本社会保险费 150 万元，为受雇的全体员工支付补充养老保险费 80 万元，补充医疗保险 45 万元，为公司高管缴纳商业保险费 30 万元。根据企业所得税法律制度的规定，下列计算该公司 2019 年度发生的上述保险费在计算应纳税所得额时准予扣除数额的算式中，正确的是（　　）。

A. 150＋80＋45＋30＝305（万元）　　B. 150＋80＋45＝275（万元）

C. 150＋1 000×5%＝200（万元）　　D. 150＋1 000×5%＋45＝245（万元）

**16.** 下列各项中，经海关审查无误后可以免征关税的是（　　）。

A. 关税税额为人民币 200 元的一票货物
B. 广告品和货样
C. 外国公司无偿赠送的物资
D. 进出境运输工具装载的途中必需的燃料、物料和饮食用品

**17.** 根据关税法律制度的规定，下列各项中不应计入进口货物关税完税价格的是（　　）。
A. 向境外采购代理人支付的买方佣金
B. 进口人在成交价格外另支付给卖方的佣金
C. 由买方负担的包装材料和包装劳务费用
D. 由买方负担的与该货物视为一体的容器费用

**18.** 甲企业生产 150 吨炉渣，其中 30 吨在符合国家和地方环境保护标准的设施中储存，100 吨综合利用且符合国家和地方环境保护标准，其余倒置弃于空地。已知炉渣适用的环境保护税税额为 25 元/吨。下列计算环境保护税的计算列式中，正确的是（　　）。
A. (150－100－30)×25＝500(元)　　B. (150－30)×25＝3 000(元)
C. (150－100)×25＝1 250(元)　　D. 150×25＝3 750(元)

**19.** 根据车辆购置税法律制度的规定，下列各项非新能源车辆中，免征车辆购置税的是（　　）。
A. 个人购买自用的汽车　　B. 个人受赠自用的摩托车
C. 外国驻华使馆购买自用的汽车　　D. 企业自产自用的汽车

**20.** 根据税收征收管理法律制度的规定，税务代理人违反法律法规，除由纳税人缴纳或者补缴应纳税款、滞纳金外，还要对税务代理人处一定数额的罚款。其罚款数额是（　　）。
A. 2 000 元以下
B. 2 000 元以上 5 000 元以下
C. 纳税人未缴或者少缴税款 50%以上 3 倍以下
D. 纳税人未缴或者少缴税款 50%以上 5 倍以下

**21.** 税务检查中，税务机关不可检查（　　）。
A. 货物存放地　　B. 纳税人经营地
C. 纳税人生活区　　D. 纳税人生产地

**22.** 孙某与甲公司签订了为期 3 年的劳动合同，月工资为 1 200 元（当地最低月工资标准为 800 元）。期满终止合同时，甲公司未向孙某提出以不低于原工资标准续订劳动合同的意向，甲公司应向孙某支付的经济补偿金额为（　　）元。
A. 800　　B. 1 200　　C. 2 400　　D. 3 600

**23.** 关于劳动合同的订立，下列说法中正确的是（　　）。
A. 所有签订劳动合同的劳动者都必须年满 16 周岁，有劳动权利能力和行为能力
B. 用人单位与劳动者建立劳动关系，必须订立书面劳动合同
C. 劳动者不与用人单位订立书面劳动合同的，用人单位应当书面通知劳动者终止劳动关系，无须向劳动者支付其实际工作时间的劳动报酬
D. 用人单位自用工之日起满 1 年未与劳动者订立书面劳动合同的，视为自用工之日起满 1 年的当日已经与劳动者订立无固定期限劳动合同

二、多选题(每小题备选答案中,有两个或两个以上符合题意的正确答案。请至少选择两个答案,每题2分,全部选对得满分,少选得相应分值,多选、错选、不选均不得分。)

**1.** 下列争议解决方式中,适用于解决平等民事主体当事人之间发生的经济纠纷的有(　　)。

A. 仲裁　B. 民事诉讼　C. 行政复议　D. 行政诉讼

**2.** 下列会计档案中,最低保管期限为10年的有(　　)。

A. 月度、季度、半年度财务报告　B. 银行存款余额调节表

C. 总账　D. 原始凭证

**3.** 根据《中华人民共和国票据法》的规定,支票的(　　)可以由出票人授权补记。未补记前,不得背书转让和提示付款。

A. 支票金额　B. 出票日期　C. 付款人名称　D. 收款人名称

**4.** 根据增值税法律制度的规定,下列各项中被认定为小规模纳税人的有(　　)。

A. 年应征增值税销售额为50万元的纳税人

B. 年应征增值税销售额在50万元以下的纳税人

C. 年应征增值税销售额为500万元的纳税人

D. 年应征增值税销售额在500万元以下的纳税人

**5.** 2020年10月,A公司和B公司均为增值税一般纳税人,A公司本月外购一批货物5 000元,取得增值税专用发票,委托B公司加工,支付不含税加工费1 000元,并取得B公司开具的增值税专用发票,货物加工好收回后,A公司将这批货物直接对外销售,开出的增值税专用发票上注明的价款为8 000元。根据以上所述,以下说法正确的有(　　)。

A. A公司应当缴纳增值税260元　B. B公司应该缴纳增值税130元

C. A公司应当缴纳增值税510元　D. B公司无须缴纳增值税

**6.** 下列人员中,为居民个人的有(　　)。

A. 在中国境内有住所的个人

B. 在中国境内无住所而一个纳税年度内在中国境内累计居住满183天的个人

C. 在中国境内无住所而一个纳税年度内在中国境内累计居住满一年的个人

D. 在中国境内无住所又不居住的个人

**7.** 下列各项中,适用超额累进税率计征个人所得税的有(　　)。

A. 个体工商户的生产经营所得　B. 财产租赁所得

C. 特许权使用费所得　D. 稿酬所得

**8.** 根据耕地占用税法律制度的规定,下列各项中,可以免征耕地占用税的有(　　)。

A. 军用机场占用的耕地

B. 养老院为老人提供生活照顾场所占用的耕地

C. 幼儿园用于幼儿保育、教育场所占用的耕地

D. 学校内教职工住房占用的耕地

**9.** 纳税人对税务机关的下列行为不服时,可以申请行政复议的有(　　)。

A. 税务机关为其确认征税范围

B. 税务机关对其作出征收税款的决定

C. 税务机关关于具体贯彻落实税收法规的规定

D. 税务机关责令其提供纳税担保

10. 下列个人收入应计入职工基本养老保险缴费工资基数的有(　　)。
A. 工资
B. 用人单位与员工解除劳动关系时支付的一次性补偿
C. 津贴
D. 劳动保护费

三、判断题(每小题答题正确的得1分,错答、不答均不得分,也不扣分。)

1. 甲公司和乙公司签订设备租赁合同,双方未约定发生纠纷的解决方式。合同履行中发生纠纷,甲向本市仲裁委员会申请仲裁,仲裁委员会未予受理。仲裁委员会的做法符合法律规定。(　　)
2. 没有设置会计记账机构或配备会计人员的单位,可以根据《代理记账管理办法》委托会计师事务所进行代理记账。(　　)
3. 银行本票见票即付。(　　)
4. 个人发生应税行为的销售额未达到增值税起征点的,免征增值税,达到起征点的,超过的部分计算缴纳增值税。(　　)
5. 汽车销售企业销售汽车的同时向购买方收取的代缴车辆购置税,车辆牌照费,属于价外费月,应换算为不含增值税的价款并入当期销售额缴纳增值税。(　　)
6. 残疾、孤老人员和烈属的所得免征个人所得税。(　　)
7. 两个以上的个人共同取得同一项目收入的,应当合并计缴纳税。(　　)
8. 对海关进口产品征收增值税、消费税,不征收教育费附加。(　　)
9. 复议机关以原具体行政行为违反法定程序而决定撤销的,责令被申请人重新作出具体行政行为的,被申请人不得以同一事实和理由作出与原具体行政行为相同或基本相同的具体行政行为。(　　)
10. 无雇工的个体工商户、未在用人单位参加基本养老保险的非全日制从业人员以及其他灵活就业人员不可以参加基本养老保险。(　　)

四、不定项选择题(每小题备选答案中,有一个或一个以上符合题意的正确答案。每小题2分,全部选对得满分,少选得相应分值,多选、错选、不选均不得分。)

1. 2021年10月15日,甲企业财务部经理持有关证件到X银行营业部办理基本存款账户开立手续,X银行工作人员审查了其开户的证明文件,并留存了相关证件的复印件,便为其办理了开户手续。同日,该财务经理持以上证件和与Y银行签订的贷款合同到Y银行开立了一个一般存款账户。10月17日,X银行工作人员携带甲企业的基本存款账户开户资料向当地中国人民银行报送,申请核准。10月25日,甲企业财务经理到X银行开立了一个单位人民币借记卡账户,并要求乙企业将预付货款8万元转入该银行卡账户。10月28日,甲企业总经理出差,财务经理指示会计人员到银行将单位银行卡账户中的3万元转入该总经理在D银行开立的个人银行卡账户。

要求:根据上述资料,分析回答下列问题。

(1) 根据《人民币银行结算账户管理办法》的规定,存款人申请开立基本存款账户,应向银行的证明文件有(　　)。

A. 机关和实行预算管理的事业单位,应出具政府人事部门或编制委员会的批文或登记证书

B. 民办非企业组织,应出具民办非企业登记证书

C. 外国驻华机构,应出具国家登记机关颁发的登记证

D. 独立核算的附属机构,应出具其主管部门的基本存款账户开户登记证和批文

(2) 对银行报送的基本存款账户、临时存款账户和预算单位专用存款账户的开户资料,中国人民银行应于(　　)个工作日内进行合规性审核,符合开户条件的,予以核准。

A. 2　　B. 3　　C. 5　　D. 7

(3) 下列有关银行账户的表述中,正确的是(　　)。

A. 一个单位只能在一家银行开立一个基本存款账户

B. 一个单位可以在多家银行开立多个专用存款账户

C. 现金缴存可以通过一般存款账户办理

D. 现金支付可以通过一般存款账户办理

(4) 下列关于单位人民币卡结算使用的表述中,不符合法律规定的是(　　)。

A. 单位人民币卡账户的资金可以与其他存款账户自由转账

B. 单位人民币卡账户销户时,其资金余额可以提取现金

C. 用单位人民币卡办理商品和劳务结算时,可以透支结算

D. 不得将销货收入直接存入单位人民币卡账户

**2.** 甲贸易公司为增值税一般纳税人,2020 年 10 月发生以下业务:

(1) 购进原材料一批,取得增值税专用发票上注明价款 100 万元,税金 13 万元。

(2) 采用托收承付结算方式销售给 A 厂机床 30 台,共 60 万元(不含税),货已发出,托收手续已在银行办妥,货款尚未收到。

(3) 采用分期收款结算方式销售给 B 厂机床 100 台,价款共 200 万元(不含税),货已发出,合同规定本月到期货款 40 万元,但实际上本月并未收到货款。

(4) 销售给 C 厂一批机床,开具普通发票上注明销售额 113 万元,上月已收预收款 20 万元,本月发货并办妥银行托收手续,但货款未到。

(5) 采用其他方式销售给 D 厂一些机床配件,价款 70 万元(不含税),货已发出,货款已收到。

(6) 盘亏一批上月购入的物资(已抵扣进项税额为 6.8 万元),盘亏金额为 1 万元。

已知:销售货物增值税税率为 13%,本月取得的增值税专用发票均可在当月抵扣。

要求:根据上述资料,不考虑其他因素,回答下列问题。

(1) 甲公司下列业务中,应在 2019 年 10 月发生纳税义务的是(　　)。

A. 采用托收承付结算方式销售给 A 厂机床

B. 采用分期付款结算方式销售给 B 厂机床

C. 采取预收款方式销售给 C 厂小型农用机械

D. 采用其他方式销售给 D 厂机床

(2) 甲公司当月应缴纳的销项税额为(　　)万元。

A. 13　　B. 35.1　　C. 25.9　　D. 16.8

(3) 甲公司当月准予抵扣的进项税额为(　　)万元。

A. 13　　B. 6.2　　C. 12.87　　D. 0

**3.** 某居民企业甲于2019年1月在我国境内注册成立并进行生产经营,主营业务为符合条件的环境保护项目,并销售相关产品。2019年应纳税所得额为-50万元。2020年度生产经营情况如下:

(1) 销售产品取得不含税收入9 000万元;从事符合条件的环境保护项目的收入为1 000万元(第一年取得该项目收入)。

(2) 2020年利润表反映的内容如下:①产品销售成本4 500万元;从事符合条件的环境保护项目的成本为500万元;②销售税金及附加200万元;从事符合条件的环境保护项目的税金及附加50万元;③销售费用2 000万元(其中,广告费200万元);财务费用200万元;④投资收益50万元(投资非居民企业的股权投资按权益法确认的投资收益40万元,国债持有期间的利息收入10万元);⑤管理费用1 200万元(其中业务招待费85万元;新产品研究开发费30万元,未形成无形资产)。

(3) 除资料所给内容外,该企业无其他纳税调整事项;从事符合条件的环境保护项目的能够单独核算;期间费用均计入销售产品。

要求:根据上述资料,回答下列问题。

(1) 该企业取得的上述收入中,属于免税收入、所得的是(　　)。

A. 环境保护项目的收入

B. 销售产品取得的不含税收入

C. 投资非居民企业的股权投资按权益法确认的投资收益

D. 国债持有期间的利息收入

(2) 该企业发生的上述费用中,在计算应纳税所得额时可以加计扣除的是(　　)。

A. 新产品研究开发费用

B. 从事符合条件的环境保护项目的成本

C. 广告费用

D. 业务招待费用

(3) 该企业的广告费用允许在计算应纳税所得额时扣除的数额是(　　)万元。

A. 1 500　　B. 1 350　　C. 200　　D. 150

(4) 该企业可以计算扣除的管理费用数额是(　　)万元。

A. 1 200　　B. 1 180　　C. 1 187.5　　D. 1 070.5

(5) 该企业应纳所得税税额为(　　)万元。

A. 150　　B. 240　　C. 225.625　　D. 227.5

# 综合模拟试卷二

一、单选题(每小题备选答案中,只有一个符合题意的正确答案。每题 2 分,错选、不选均不得分。)

1. 甲、乙发生合同纠纷,继而对双方事先签订的仲裁协议效力发生争议。甲提请丙仲裁委员会确认仲裁协议有效,乙提请丁法院确认仲裁协议无效。关于确定该仲裁协议效力的下列表述中,符合法律规定的是(　　)。
   A. 应由丙仲裁委员会对仲裁协议的效力作出决定
   B. 应由丁法院对仲裁协议的效力作出裁定
   C. 应根据甲、乙提请确认仲裁协议效力的时间先后来确定由仲裁委员会决定或丁法院裁定
   D. 该仲裁协议自然失效
2. 下列关于会计档案管理的表述中,正确的是(　　)。
   A. 各单位的预算、计划、制度等文件材料按会计档案进行归档
   B. 当年形成的会计档案,在会计年度终了后,可由单位会计管理机构临时保管 1 年
   C. 年度财务报告最低保管期限为 30 年
   D. 单位会计管理机构临时保管会计档案最长不超过 5 年
3. 根据会计法律制度的规定,原始凭证的金额有错误时,应采取的正确做法是(　　)。
   A. 由出具单位重开
   B. 由出具单位更正并加盖出具单位印章
   C. 由接受单位更正并加盖接受单位印章
   D. 由经办人员更正并加盖经办人员印章
4. 下列各项中,信用卡持卡人可以使用单位卡的情形是(　　)。
   A. 购买价值 9 万元的电脑
   B. 存入销货收入的款项
   C. 支付 12 万元的劳务费用
   D. 支取现金
5. 关于银行卡账户及交易管理要求的下列表述中,不正确的是(　　)。
   A. 单位人民币卡账户的资金一律从其基本存款账户转账存入
   B. 单位外币卡账户的资金应从其单位的外汇账户转账存入
   C. 单位人民币卡账户不得存取现金
   D. 单位人民币卡账户可以存入销货收入
6. 下列关于汇兑特征的表述中,不符合法律规定的是(　　)。
   A. 单位和个人各种款项的结算,均可使用汇兑结算方式
   B. 汇款回单作为该笔汇款已转入收款人账户的证明
   C. 汇款人对汇出银行尚未汇出的款项可以申请撤销
   D. 汇入银行对于收款人拒绝接受的汇款,应即办理退汇

**7.** 根据消费税法律制度的规定，下列各项中，不缴纳消费税的是(　　)。

A. 外贸公司进口高档手表

B. 首饰店零售金银首饰

C. 小汽车生产企业将自产小汽车奖励给优秀员工

D. 烟草批发企业将卷烟销售给其他烟草批发企业

**8.** 2020 年 10 月，某外贸进口单位进口卷烟 20 标准箱，每条的完税价格为 120 元，适用 20%的关税税率。则海关代征进口消费税额是(　　)元。

A. 390 652.5　　B. 490 909.09　　C. 591 545.45　　D. 923 181.82

**9.** 某化妆品厂为增值税一般纳税人，2020 年 12 月发生以下业务：8 日销售高档化妆品 400 箱，每箱不含税价格 600 元；15 日销售同类高档化妆品 500 箱，每箱不含税价格 650 元。当月以 200 箱同类高档化妆品与某公司换取精油作为生产资料。该厂当月应纳消费税(　　)元(高档化妆品消费税税率为 15%)。

A. 84 750　　B. 102 750　　C. 103 500　　D. 104 250

**10.** 2020 年 7 月，甲酒厂为增值税一般纳税人，生产粮食白酒 100 吨全部用于销售，当月取得不含税销售额 480 万元，同时收取品牌使用费 15 万元，当期收取包装物押金 5 万元，到期没收包装物押金 3 万元。该厂当月应纳消费税(　　)万元。

A. 106　　B. 106.85　　C. 109.08　　D. 109.54

**11.** 下列情形中，应征收个人所得税的是(　　)。

A. 企业通过价格折扣方式向个人销售商品

B. 企业向个人提供服务的同时给予赠品

C. 企业对累积消费达到一定额度的个人按消费积分反馈礼品

D. 企业对累积消费达到一定额度的顾客，给予额外抽奖机会，个人获奖所得

**12.** 某企业 2020 年度实现利润总额 20 万元，在营业外支出账户列支了通过公益性社会组织向贫困地区的捐款 5 万元。根据企业所得税法律制度的规定，在计算该企业 2020 年度应纳税所得额时，允许扣除的捐款数额为(　　)万元。

A. 5　　B. 2.4　　C. 1.5　　D. 1

**13.** 企业应当自月份或季度终了之日(　　)日内，向税务机关报送预缴企业所得税申报表，预缴税款。

A. 10　　B. 15　　C. 7　　D. 5

**14.** 出租车经营单位对于出租车驾驶员单车承包或者承租方式运营，出租车驾驶员从事客货营运取得的收入，按(　　)征税。

A. 工资、薪金所得　　B. 承包转包

C. 经营所得　　D. 劳务报酬

**15.** 甲公司为一家化妆品生产企业，2020 年 1 月因业务发展需要向农业银行借款 200 万元，期限半年，年利率 8%；5 月又向其供应商借款 200 万元，期限半年，支付利息 10 万元。上述借款均用于经营周转，该企业无其他借款，根据企业所得税法律制度的规定，该企业当年可以在所得税前扣除的利息费用为(　　)万元。

A. 16　　B. 18　　C. 32　　D. 26

**16.** 税务机关认定甲公司存在偷税行为，甲公司按照规定补缴了增值税 100 000 元、消费税

60 000元，同时缴纳罚款80 000元、滞纳金20 000元。已知教育费附加征收比例为3%。下列计算甲公司应补缴教育费附加的算式中，正确的是（　）。

A. (80 000+20 000)×3%=3 000(元)

B. (100 000+60 000+80 000+20 000)×3%=7 800(元)

C. (100 000+60 000)×3%=4800(元)

D. (100 000+60 000+80 000)×3%=7 200(元)

**17.** 根据关税法律制度的规定，下列关税应纳税额计算方法中，关税税率随着进口商品价格的变动而反方向变动的是（　）。

A. 从价税计算方法　B. 复合税计算方法

C. 滑准税计算方法　D. 从量税计算方法

**18.** 根据关税法律制度的规定，一般贸易项下进口的货物以海关审定的成交价格为基础的到岸价格作为完税价格。下列关于成交价格的表述中，正确的是（　）。

A. 在货物成交过程中，向境外采购代理人支付的买方佣金，应计入成交价格

B. 在货物成交过程中，进口人在成交价格外另支付给卖方的佣金，应计入成交价格

C. 卖方付给进口人的正常回扣，应计入成交价格

D. 卖方违反合同规定延期交货的罚款，可以从成交价格中扣除

**19.** 2020年10月，甲企业进口一辆小汽车自用，支付买价17万元，货物运抵我国关境内输入地点起卸前的运费和保险费共计3万元，货物运抵我国关境内输入地点起卸后的运费和保险费共计2万元，另支付买方佣金1万元。已知关税税率为20%，消费税税率为25%，城市维护建设税税率为7%，教育费附加征收率为3%。假设无其他纳税事项，则下列关于甲企业相关税金的计算，正确的是（　）。

A. 应纳进口关税4.2万元

B. 应纳进口环节消费税8万元

C. 应纳进口环节增值税4.08万元

D. 应纳城市维护建设税和教育费附加1.34万元

**20.** 根据关税法律制度的规定，下列各项中，海关可以酌情减免关税的是（　）。

A. 进出境运输工具装载的途中必需的燃料、物料和饮食用品

B. 无商业价值的广告品及货样

C. 国际组织无偿赠送的物资

D. 在境外运输途中受到损坏的进口货物

**21.** 根据税收征收管理法律制度的规定，下列不属于重大税收违法失信案件的是（　）。

A. 甲虚开增值税专用发票，金额达到20万元

B. 乙虚开增值税普通发票，金额达到45万元

C. 丙骗取国家出口退税款

D. 丁采取转移财产的手段，妨碍税务机关追缴欠缴的税款，欠缴税款金额8万元

**22.** 纳税人对税务机关的下列行为不服时，不可以申请行政复议的是（　）。

A. 税务机关为其确认征税对象

B. 税务机关对其作出税收保全措施

C. 税务机关关于具体贯彻落实税收法规的规定

D. 税务机关责令其提供纳税担保

23. 某县一加工企业因账簿不全，由县主管国家税务局对其核定征收企业所得税，企业认为核定数额过高，在双方协商无果的情况下，企业准备请求法律救济。下列关于企业的做法正确的是（　　）。

A. 加工企业可以直接向人民法院提起行政诉讼

B. 加工企业可以向该县人民政府提起行政复议

C. 加工企业应在复议决定作出后及时缴纳税款

D. 加工企业申请行政复议期间不停止具体行政行为的执行

二、多选题（每小题备选答案中，有两个或两个以上符合题意的正确答案。请至少选择两个答案，每题 2 分，全部选对得满分，少选得相应分值，多选、错选、不选均不得分。）

1. 下列各项中，能够引起法律关系发生、变更和消灭的事实有（　　）。

A. 火山喷发　　B. 公民死亡　　C. 签订合同　　D. 提起诉讼

2. 会计人员从事会计工作应符合的要求有（　　）。

A. 担任单位会计机构负责人的，应当具备会计师以上专业技术职务资格或者从事会计工作 5 年以上经历

B. 具备良好的职业道德

C. 按照国家有关规定参加继续教育

D. 具备从事会计工作所需要的专业能力

3. 下列关于银行结算账户的表述中，错误的有（　　）。

A. 基本存款账户主要办理存款人日常经营活动的资金收付及其工资、奖金和现金的支取

B. 一般存款账户用于办理各项资金的收付

C. 专用存款账户可以用于办理存款人借款转存、借款归还和其他结算的资金收付

D. 临时存款账户用于办理临时机构以及存款人临时经营活动发生的资金收付

4. 根据消费税法律制度的规定，下列选项中，属于消费税纳税环节的有（　　）。

A. 生产环节　　B. 委托加工环节　　C. 零售环节　　D. 批发环节

5. 根据消费税法律制度的规定，下列各项中，属于消费税征收范围的有（　　）。

A. 气缸容量为 200 毫升的摩托车　　B. 组合烟花

C. 燃料电池　　D. 高档护肤类化妆品

6. 按照企业所得税法和实施条例规定，企业从事下列项目的所得，可以自项目取得第一笔生产经营收入所属纳税年度起，享受定期减免税优惠的有（　　）。

A. 从事农、林、牧、渔业项目的所得

B. 从事国家重点扶持的公共基础设施项目投资经营的所得

C. 从事符合条件的环境保护、节能节水项目的所得

D. 符合条件的技术转让所得

7. 下列各项中，应当按照工资、薪金所得项目征收个人所得税的有（　　）。

A. 劳动分红　　B. 离退休后再任职的收入

C. 差旅费津贴　　D. 误餐补助

8. 下列各项中,属于资源税征税范围的有(　　)。
A. 石灰岩　　B. 钠盐　　C. 天然气　　D. 钨
9. 关于城市维护建设税的适用税率,下列表述中,正确的有(　　)。
A. 按纳税人所在地区的不同,设置了两档比例税率
B. 由受托方代收、代扣增值税和消费税的,可按纳税人所在地的规定税率就地缴纳城市维护建设税
C. 流动经营等无固定纳税地点的纳税人可按纳税人缴纳增值税、消费税所在地的规定税率就地缴纳城市维护建设税
D. 纳税人所在地在市区的税率为7%
10. 根据《税收征管法》的规定,下列说法正确的有(　　)。
A. 税收强制执行措施仅适用从事生产经营的纳税人
B. 税收强制执行措施必须发生在责令期满之后
C. 采取税收强制执行措施前,应当报经县以上税务局(分局)局长批准
D. 对逾期不按规定履行复议决定的进行强制执行时,在拍卖、变卖之后进行扣押、查封,办理扣押、查封手续

三、判断题(每小题答题正确的得1分,错答、不答均不得分,也不扣分。)
1. 行政相对人对具体行政行为不服,应当先申请行政复议,对行政复议决定不服,可以向人民法院提起行政诉讼。(　　)
2. 从事代理记账业务的机构,都应当经县级以上人民政府财政部门批准,领取由财政部统一规定样式的代理记账许可证书。(　　)
3. 存款人只能在注册地开立一个基本存款账户,不得异地开立银行结算账户。(　　)
4. 纳税人销售的应税消费品,按人民币以外的货币结算销售额的,其销售额的人民币折合率可以选择销售额发生的前一日或者当月1日人民币汇率中间价。纳税人应当在事先确定采用何种折合率,确定后在3年内不得变更。(　　)
5. 企业提供劳务的,应在劳务完成时确认提供的劳务收入。(　　)
6. 企业为促进商品销售而在商品价格上给予的价格扣除属于商业折扣,商品销售涉及商业折扣的,应当按照扣除商业折扣后的金额确定销售商品收入金额。(　　)
7. 购置的新车船,购置当年车船税的应纳税额自纳税义务发生的次月起按月计算。(　　)
8. 烟叶税在烟叶收购环节征收。(　　)
9. 房地产开发企业建造的商品房,出售前已使用的,不征收房产税。(　　)
10. 行政复议机关收到行政复议申请以后未按照规定期限审查并作出不予受理决定的,视为受理。(　　)

四、不定项选择题(每小题备选答案中,有一个或一个以上符合题意的正确答案。每小题2分,全部选对得满分,少选得相应分值,多选、错选、不选均不得分。)
1. 2×21年,甲工厂发生如下事项:
(1) 该厂会计人员胡某因身体不适请假一个星期,会计科长指定出纳余某兼管胡某的债权债务账目的登记工作,未办理会计工作交接手续。

(2) 该厂档案科会同会计科销毁了一批保管期限已满的会计档案。

(3) 该厂年度亏损20万元,会计科长授意会计人员采取伪造会计凭证等手段调整企业的财务会计报告,将本年度利润调整为盈利50万元,并将调整后的企业财务会计报告经厂长及有关人员签名、盖章后向有关单位报送。

要求:根据以上事实,回答下列问题。

(1) 关于余某兼管债权债务的登记工作下列表述正确的是(　　)。

A. 余某可以兼管债权债务账目的登记工作,因为是临时兼管

B. 余某可以兼管债权债务账目的登记工作,因为是会计科长指定

C. 余某不得兼管债权债务账目的登记工作,因为法律对出纳有禁止兼任的规定

D. 余某不得兼管债权债务账目的登记工作,因为胡某没办交接手续

(2) 会计人员胡某因身体不适请假一个星期,(　　)。

A. 应当与接管人员办理工作交接

B. 应当与会计机构负责人办理工作交接

C. 属于临时离岗不用办理工作交接

D. 可以在家办公

(3) 该厂档案科会同会计科销毁保管期满的会计档案,应当在会计档案销毁清册上签署意见的是(　　)。

A. 单位负责人　　B. 档案管理机构负责人

C. 会计管理机构负责人　　D. 上级单位负责人

(4) 下列对该厂伪造会计凭证等违法行为承担法律责任的表述正确的是(　　)。

A. 应当对单位并处5千元以上10万元以下的罚款

B. 可以对单位并处5千元以上10万元以下的罚款

C. 对其直接负责的主管人员和其他直接责任人员。可以处5千元以上3万元以下的罚款

D. 对其中的会计人员,5年内不得从事会计工作

**2.** 2021年3月11日,甲公司签发一张商业汇票,收款人为乙公司,到期日为2022年9月11日,甲公司的开户银行P银行为该汇票承兑。2022年6月30日,乙公司从丙公司采购一批货物,将该汇票背书转让给丙公司,丙公司9月30日持该汇票到其开户银行Q银行办理委托收款,Q银行为丙公司办理了委托收款手续,P银行收到委托收款凭证后,拒绝付款。

要求:根据上述资料,分析回答下列问题。

(1) 丙公司应去银行办理该汇票提示付款的期限是(　　)。

A. 自该汇票转让给丙公司之日起10日内

B. 自该汇票转让给丙公司之日起1个月内

C. 自该汇票到期日起10日

D. 自该汇票到期日起1个月

(2) 该汇票的付款人是(　　)。

A. 甲公司　　B. P银行　　C. 乙公司　　D. Q银行

(3) 在不考虑委托收款背书的情况下,关于确定该汇票非基本当事人的下列表述中,正

确的是(　　)。

A. 背书人是乙公司　　B. 被背书人是丙公司

C. 承兑人是Q银行　　D. 保证人是P银行

(4) 关于银行是否应受理该汇票并承担付款责任的下列判断中,正确的是(　　)。

A. Q银行不应受理　　B. Q银行应当受理

C. P银行不再承担付款责任　　D. P银行仍应承担付款责任

**3.** 甲酒店为增值税一般纳税人,主要提供餐饮服务、住宿服务、会议服务和车辆停放服务。2020年11月有关经营情况如下:

(1) 提供住宿服务,取得含增值税销售额954 000元。

(2) 提供会议服务,取得含增值税销售额358 704元。

(3) 购进一处房产作为办公场所,取得增值税专用发票注明税额68 000元。

(4) 上月购进的一批低值易耗品因管理不善丢失,账面成本11 000元,该批低值易耗品的进项税额已经申报抵扣。

已知:生活服务、现代服务的增值税税率为6%,丢失的低值易耗品增值税税率为13%。

要求:根据上述资料,不考虑其他因素,分析回答下列问题。

(1) 甲酒店下列经营业务中,应按照"销售服务——现代服务"税目计缴增值税的是(　　)。

A. 餐饮服务　B. 住宿服务　C. 会议服务　D. 车辆停放服务

(2) 下列计算甲酒店当月允许抵扣的增值税进项税额的算式中,正确的是(　　)。

A. 68 000－11 000÷(1＋13%)×13%＝66 734.51(元)

B. 68 000×60%－11 000×13%＝39 370(元)

C. 68 000－11 000×13%＝66 570(元)

D. 68 000－11 000×(1＋13%)×13%＝66 384.1(元)

(3) 下列计算甲酒店当月增值税销项税额的算式中,正确的是(　　)。

A. 954 000×6%＋358 704÷(1＋6%)×6%＝77 544(元)

B. (954 000＋358 704)÷(1＋6%)×6%＝74 304(元)

C. 954 000÷(1＋6%)×6%＋358 704×6%＝75 522.24(元)

D. (954 000＋358 704)×6%＝78 762.24(元)

(4) 下列计算甲酒店当月应缴纳增值税税额的算式中,正确的是(　　)。

A. 74 304－66 570＝7 734(元)

B. 77 544－39 370＝38 174(元)

C. 74 304－39 370＝34 934(元)

D. 78 762.24－66 384.1＝12 378.14(元)

# 综合模拟试卷三

一、单选题（每小题备选答案中，只有一个符合题意的正确答案。每题 2 分，错选、不选均不得分。）

1. 根据《行政诉讼法》的规定，下列各项中，可以提起行政诉讼的是（　　）。
   A. 某直辖市部分市民认为市政府新颁布的《道路交通管理办法》侵犯了他们的合法权益
   B. 某税务局工作人员吴某认为税务局对其作出的记过处分违法
   C. 李某认为某公安局对其罚款的处罚决定违法
   D. 张某认为我国援助他国建设项目侵犯了纳税人的权益
2. 下列各项中，不属于企业内部控制应当遵循的原则是（　　）。
   A. 独立性原则　B. 制衡性原则　C. 成本效益原则　D. 重要性原则
3. 甲公司将一张银行汇票背书转让给乙公司，该汇票需加附粘单，甲公司为粘单上的第一记载人，丙公司为甲公司的前手，丁公司为汇票记载的收款人，下列公司中，应当在汇票和粘单的粘连处签章的是（　　）。
   A. 甲公司　B. 乙公司　C. 丙公司　D. 丁公司
4. 信用卡持卡人非现金交易享受免息还款期，免息还款期最长为（　　）天。
   A. 20　B. 30　C. 50　D. 60
5. 甲酒厂为增值税一般纳税人，2020 年 12 月销售果木酒，取得不含增值税销售额 10 万元，同时收取包装物租金 0.585 万元、优质费 2.34 万元。已知果木酒消费税税率为 10%，增值税税率为 13%，下列计算甲酒厂当月销售果木酒应缴纳消费税税额的算式中，正确的是（　　）。
   A. (10＋0.585＋2.34)×10%＝1.2925(万元)
   B. (10＋0.585)×10%＝1.0585(万元)
   C. [10＋(0.585＋2.34)÷(1＋13%)]×10%＝1.26(万元)
   D. [10＋0.585÷(1＋13%)]×10%＝1.05(万元)
6. 根据增值税法律制度，下列关于增值税专用发票记账联用途的表述中，正确的是（　　）。
   A. 作为购买方报送税务机关认证和留存备查的扣税凭证
   B. 作为销售方核算销售收入和增值税销项税额的记账凭证
   C. 作为购买方核算采购成本的记账凭证
   D. 作为购买方核算增值税进项税额的记账凭证
7. 根据消费税法律制度的规定，下列各项中，应缴纳消费税的是（　　）。
   A. 实木地板批发企业向某商场批发实木地板

B. 高档化妆品批发企业向某商场批发高档化妆品

C. 白酒批发企业将白酒批发销售给商场

D. 烟草批发企业向某商场批发销售卷烟

**8.** 根据个人所得税法律制度的规定,需要办理汇算清缴的情形不包括(　　)。

A. 在两处或者两处以上取得综合所得

B. 只取得劳务报酬一项所得,且综合所得年收入额减去专项扣除的余额超过6万元

C. 纳税年度内应纳税额高于预缴税额的

D. 纳税人申请退税

**9.** 根据企业所得税法律制度的规定,企业的下列收入中,属于不征税收入范围的是(　　)。

A. 财政拨款　　B. 租金收入　　C. 产品销售收入　　D. 国债利息收入

**10.** 根据个人所得税法律制度的规定,下列关于财产转让中财产原值说法不正确的是(　　)。

A. 机器设备、车船,为购进价格、运输费,不包括安装费以及其他有关费用

B. 个人发生非货币性资产交换,以及将财产用于捐赠、偿债、赞助、投资等用途的,应当视同转让财产并缴纳个人所得税

C. 有价证券,为买入价以及买入时按照规定缴纳的有关费用

D. 纳税人未提供完整、准确的财产原值凭证,不能正确计算财产原值的,由主管税务机关核定其财产原值

**11.** 根据企业所得税法律制度的规定,企业缴纳的下列税金中,不得在计算企业所得税应纳税所得额时扣除的是(　　)。

A. 增值税　　B. 消费税　　C. 车船税　　D. 房产税

**12.** 从衰竭期矿山开采的矿产品,资源税减征(　　)。

A. 15%　　B. 20%　　C. 30%　　D. 50%

**13.** 根据资源税法律制度的规定,纳税人开采或者生产应税产品销售的,以(　　)为销售数量。

A. 实际销售数量　　B. 移送使用数量

C. 开采数量　　D. 计划数量

**14.** 甲公司向税务机关应缴纳增值税10万元,实际缴纳增值税8万元,应缴纳消费税5万元,实际缴纳消费税4.5万元。已知适用的城市维护建设税税率为7%,计算甲公司当月应缴纳城市维护建设税的下列算式中,正确的是(　　)。

A. 4.5×7%=0.315(万元)　　B. (8+4.5)×7%=0.875(万元)

C. 10×7%=0.7(万元)　　D. (10+5)×7%=1.05(万元)

**15.** 甲公司向税务机关实际缴纳增值税70 000元、消费税50 000元;向海关缴纳进口环节增值税40 000元、消费税30 000元。已知城市维护建设税适用税率为7%,下列计算甲公司当月应缴纳城市维护建设税税额的算式中,正确的是(　　)。

A. (70 000+50 000+40 000+30 000)×7%=13 300(元)

B. (70 000+40 000)×7%=7 700(元)

C. (50 000+30 000)×7%=5 600(元)

D. (70 000+50 000)×7%=8 400(元)

**16.** 2020年9月M市甲企业接受N县乙企业委托加工应税消费品，取得不含增值税加工费30万元，代收代缴消费税12万元。已知M市和N县的城市维护建设税税率分别为7%和5%。下列计算甲企业就该笔业务应代收代缴城市维护建设税税额的算式中，正确的是(　　)。

A. (30+12)×7%=2.94(万元)　　B. (30+12)×5%=2.1(万元)

C. 12×7%=0.84(万元)　　D. 12×5%=0.6(万元)

**17.** 根据税收征收管理法律制度的规定，下列个人财产中，不适用税收保全措施的是(　　)。

A. 家庭唯一机动车辆　　B. 金银首饰

C. 古玩字画　　D. 维持生活必需的唯一住房

**18.** 纳税人未在规定期限内进行纳税申报，经税务机关责令限期申报，逾期仍未申报。根据税收征收管理法律制度的规定，税务机关有权(　　)。

A. 对纳税人采取税收保全措施　　B. 责令纳税人提供纳税担保

C. 拍卖纳税人财产　　D. 核定纳税人应纳税额

**19.** 根据税收征收管理法律制度的规定，下列关于税务行政复议申请与受理的表述中，说法错误的是(　　)。

A. 申请人对税务机关作出逾期不缴纳罚款加处罚款的决定不服的，应当先缴纳罚款和加处罚款，再申请行政复议

B. 申请人申请行政复议，必须采取书面申请，不能口头申请

C. 行政复议机关收到行政复议申请以后未按照规定期限审查并作出不予受理决定的，视为受理

D. 对符合规定的行政复议申请，自复议机关收到之日起即为受理

**20.** 下列费用中，基本医疗保险基金可以支付的是(　　)。

A. 应当从工伤保险基金中支付的

B. 应当由第三人负担的

C. 在协议医疗机构发生的符合标准的医疗费用

D. 在境外就医的

**21.** 根据劳动合同法律制度的规定，下列关于经济补偿金、违约金、赔偿金的表述中，不正确的是(　　)。

A. 经济补偿金适用于劳动关系解除或终止而劳动者无过错的情形

B. 违约金适用于劳动者违反服务期或者竞业限制约定的情形

C. 经济补偿金是法定的，违约金是约定的

D. 经济补偿金、违约金、赔偿金三者的支付主体均可以是用人单位

**22.** 用人单位出现下列情形，不必向劳动者支付经济补偿的是(　　)。

A. 被依法宣告破产的

B. 劳动者主动向用人单位提出解除劳动合同并与用人单位协商一致解除劳动合同的

C. 被吊销营业执照的

D. 被责令关闭、撤销的

23. 根据资源税法律制度规定,纳税人按月缴纳的,自月度终了之日起(　　)日内申报纳税。

A. 5　　B. 10　　C. 15　　D. 30

二、多选题(每小题备选答案中,有两个或两个以上符合题意的正确答案。请至少选择两个答案,每题2分,全部选对得满分,少选得相应分值,多选、错选、不选均不得分。)

1. 下列选项中,属于单位、个人和银行在进行支付结算活动时所必须遵循的行为准则有(　　)。

A. 恪守信用,履约付款原则　　B. 谁的钱进谁的账,由谁支配原则

C. 银行不垫款原则　　D. 监督用款原则

2. 银行结算账户按用途不同可分为(　　)。

A. 基本存款账户　B. 一般存款账户　C. 专用存款账户　D. 临时存款账户

3. 根据消费税法律制度的规定,下列各项中,应征收消费税的有(　　)。

A. 批发商批发销售的雪茄烟　　B. 商场销售的金银首饰

C. 地板生产厂销售的实木复合地板　　D. 汽车制造厂销售的电动汽车

4. 企业的下列收入中属于免税收入的有(　　)。

A. 国债利息收入

B. 符合条件的居民企业之间的股息、红利等权益性投资收益

C. 在中国境内设立机构、场所的居民企业从非居民企业取得与该机构、场所有实际联系的股息、红利等权益性投资收益

D. 符合条件的非营利组织的收入

5. 根据车辆购置税法律制度的规定,下列各项中,应征收车辆购置税的有(　　)。

A. 挂车　　B. 电动自行车　　C. 有轨电车　　D. 游艇

6. 下列各项中,属于资源税纳税人的有(　　)。

A. 开采原煤的国有企业　　B. 进口铁矿石的私营企业

C. 开采石灰石的个体经营者　　D. 开采天然原油的外商投资企业

7. 下列各项中,属于税务机关职权的有(　　)。

A. 税收立法权　　B. 税款征收权

C. 税务行政处罚权　　D. 税收法律、法规和规章的知情权

8. 税务机关采取强制执行措施时,适用拍卖、变卖的情形包括(　　)。

A. 采取税收保全措施后,限期期满仍未缴纳税款的

B. 设置纳税担保后,限期期满仍未缴纳所担保的税款的

C. 按规定履行税务处理决定的

D. 逾期不按规定履行复议决定的

9. 根据社会保险法律制度的规定,参加职工基本养老保险的下列人员中,基本养老保险费全部由个人缴纳的有(　　)。

A. 城镇私营企业的职工

B. 无雇工的个体工商户

C. 未在用人单位参加基本养老保险的非全日制从业人员

D. 实行企业化管理的事业单位职工

**10.** 根据社会保险法律制度的规定，女性职工年满45周岁，缴费满15年即可享受职工基本养老保险的情况有（　）。

A. 担任干部　　B. 从事空乘工作

C. 从事农药灌装工作　　D. 因病经确认完全丧失劳动能力

## 三、判断题（每小题答题正确的得1分，错答、不答均不得分，也不扣分。）

**1.** 信用证结算方式适用于国内企业之间各种款项的结算，但不得支取现金。（　）

**2.** 36个月内不得再申请免税。（　）

**3.** 居民企业在汇总计算缴纳企业所得税时，其境外营业机构的亏损可以抵减境内营业机构的盈利。（　）

**4.** 纳税人缴纳增值税、消费税的地点，就是该纳税人缴纳城市维护建设税的地点。（　）

**5.** 对出口产品退还增值税、消费税的，应同时退还已缴纳的城市维护建设税。（　）

**6.** 个人发生增值税应税行为，需要开具增值税专用发票的，可以自愿使用增值税发票管理系统自行开具。（　）

**7.** 税务代理人违反税收法律、行政法规，造成纳税人未缴或者少缴税款的，只对税务代理人处纳税人未缴或者少缴税款50%以上3倍以下的罚款。（　）

**8.** 用人单位违反《劳动合同法》有关建立职工名册规定的，由劳动行政部门责令限期改正；逾期不改正的，由劳动行政部门处5 000元以上2万元以下的罚款。（　）

**9.** 房地产开发企业在改制重组时以房地产作价入股进行投资，对其将房地产转移、变更到被投资的企业，暂不征土地增值税。（　）

**10.** 纳税人转让旧房的，应按房屋及建筑物的评估价格、取得土地使用权所支付的地价款和按国家统一规定缴纳的有关费用，以及在转让环节缴纳的税金作为扣除项目金额计征土地增值税。（　）

## 四、不定项选择题（每小题备选答案中，有一个或一个以上符合题意的正确答案。每小题2分，全部选对得满分，少选得相应分值，多选、错选、不选均不得分。）

**1.** 甲公司为增值税一般纳税人，主要从事化妆品生产和销售业务。2020年10月有关经营情况如下：

(1) 进口一批美容面膜（市场售价为30元/片），海关审定的货价为210万元，运抵我国关境内输入地点起卸前的包装费11万元、运输费20万元、保险费4万元；支付境内运费2万元。

(2) 接受乙公司委托加工一批口红，不含增值税加工费35万元，乙公司提供原材料成本84万元，该批口红无同类产品销售价格。

(3) 销售香水，取得不含增值税价款702万元，另收取包装费5.8万元。

已知：高档化妆品消费税税率为15%，关税税率为10%，增值税税率为13%。

要求：根据上述资料，分析回答下列问题。

(1) 甲公司进口美容面膜的下列各项支出中，除了货价210万元外，应计入进口货物关税完税价格的是（　）。

A. 包装费 11 万元　　　　　　　　B. 保险费 4 万元
C. 运输费 20 万元　　　　　　　　D. 境内运费 2 万元

(2) 下列计算甲公司进口美容面膜应缴纳消费税税额的算式中，正确的是(　　)。
A. (210＋20)×(1＋10％)×15％＝37.95(万元)
B. (210＋11＋4)×(1＋10％)×15％＝37.13(万元)
C. (210＋11＋20＋4)×(1＋10％)÷(1－15％)×15％＝47.56(万元)
D. (210＋11＋20＋4)×(1＋10％)÷(1＋15％)×15％＝35.15(万元)

(3) 下列计算甲公司受托加工口红应代收代缴消费税税额的算式中，正确的是(　　)。
A. (84＋35)×15％＝17.85(万元)
B. (84＋35)＋(1－15％)×15％＝21(万元)
C. [84＋35÷(1－15％)]×15％＝18.78(万元)
D. [84＋35÷(1＋15％)]×15％＝17.17(万元)

(4) 下列计算甲公司销售香水应缴纳消费税税额的算式中，正确的是(　　)。
A. 702÷(1＋13％)×15％＝93.19(万元)
B. [702＋5.8÷(1＋13％)]×15％＝106.07(万元)
C. (702＋5.8)×15％＝106.17(万元)
D. 702×15％＝105.3(万元)

**2.** 张某为中国公民，就职于中国境内甲公司，2020 年全年从境内取得如下收入：

(1) 工资收入 10 000 元/月，加班补贴 500 元/月，岗位津贴 400 元/月，交通补贴 1 000 元/月，差旅费津贴 800 元/月。
(2) 受乙公司委托进行软件设计，取得设计费 2 000 元。
(3) 购买国债获得利息收入 800 元。
(4) 因住房拆迁，取得拆迁补偿款收入 150 000 元。
(5) 购买体育彩票中奖 800 元。
(6) 为某出版社做管理培训获得报酬 3 000 元，在该出版社出版专著获得稿酬 10 000 元。
(7) 7 月份出租居住用房获得租金收入 2 000 元。

另外：当地规定的社会保险和住房公积金个人缴存比例为：基本养老保险 8％，基本医疗保险 2％，失业保险 0.5％、住房公积金 12％.社保部门核定的张某社会保险费的缴费工资基数为 8 000 元。

张某需为其第二套房支付房贷，每月支付房贷利息 1 000 元；张某有一个四岁的儿子上幼儿园，张某为独生子女，赡养年逾 60 岁的父母；该年度 6 月、张某住院负担医药费用支出 10 000 元。符合条件的专项附加扣除信息均已申报提交。经约定、子女教育专项附加由张某按扣除标准的 100％扣除。

要求：根据上述资料，分析回答下列问题。

(1) 张某符合条件的专项附加扣除为(　　)。
A. 子女教育专项附加扣除　　　　B. 大病医疗专项附加扣除
C. 住房贷款利息专项附加扣除　　D. 赡养老人专项附加扣除

(2) 张某全年综合所得应缴纳个人所得税税额是(　　)元。

A. 984　　B. 696　　C. 996　　D. 1 044

(3) 张某的下列收入中,免予缴纳个人所得税的是(　　)。

A. 受乙公司委托进行软件设计,取得设计费 2 000 元

B. 购买国债获得利息收入 800 元

C. 因住房拆迁,取得拆迁补偿款收入 150 000 元

D. 购买体育彩票中奖 800 元

(4) 张某 7 月份出租住房取得的租金收入个税计算公式为(　　)。

A. 2 000×(1−20%)×20%　　B. (2 000−800)×20%

C. 2 000×(1−20%)×10%　　D. (2 000−800)×10%

**3.** 2018 年 12 月 3 日,刘某到甲公司工作,12 月 10 日双方订立了书面劳动合同。合同约定:合同期限 2 年(含试用期期限),试用期 2 个月;试用期月工资 2 000 元,试用期满月工资 2 600 元;试用期内刘某若被证明不符合录用条件,甲公司可随时通知其解除劳动合同。2019 年 10 月,甲公司派刘某去国外接受 2 个月的高级技术培训,双方补充协议约定,公司支付培训费用 100 000 元,刘某的服务期为 6 年,违反服务期约定应支付违约金 80 000 元,培训结束后月工资提高至 5 000 元。刘某培训期满回国后,成为公司的技术骨干。2020 年 8 月 11 日,甲公司得知刘某私下与乙公司也建立了劳动关系,遂要求刘某解除与乙公司的劳动关系,刘某拒绝并于次日离开甲公司到乙公司工作,由此给甲公司造成重大经济损失。

已知:甲公司所在地月最低工资标准为 1 800 元。

要求:根据上述资料,分析回答下列问题。

(1) 刘某与甲公司之间劳动关系建立的时间是(　　)。

A. 2018 年 12 月 10 日　　B. 2019 年 2 月 3 日

C. 2018 年 12 月 3 日　　D. 2019 年 2 月 10 日

(2) 双方在劳动合同中对试用期所作的下列约定中,符合法律规定的是(　　)。

A. 试用期 2 个月

B. 试用期内刘某若被证明不符合录用条件,甲公司可随时通知其解除劳动合同

C. 试用期月工资 2 000 元

D. 试用期包含在劳动合同期限内

(3) 双方在补充协议中所作的下列约定中,符合法律规定的是(　　)。

A. 刘某月工资提高至 5 000 元

B. 刘某的服务期为 6 年

C. 违约金数额不得超过 100 000 元

D. 甲公司支付培训费用 100 000 元并与刘某约定服务期

(4) 下列说法正确的是(　　)。

A. 甲公司不需要支付经济补偿金

B. 甲公司可以要求刘某支付违约金

C. 甲公司可以要求刘某支付经济补偿金

D. 刘某的行为属于违反服务期约定